Mon premier *Larousse* des
COMMENT ?

ILLUSTRATIONS

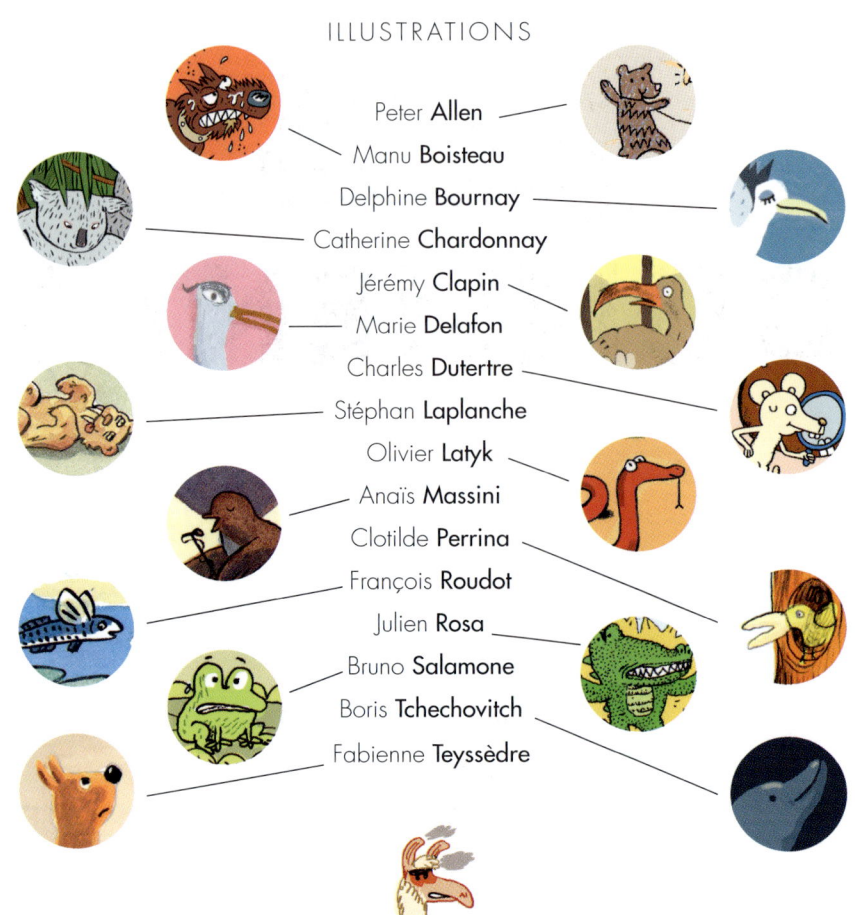

Peter **Allen**
Manu **Boisteau**
Delphine **Bournay**
Catherine **Chardonnay**
Jérémy **Clapin**
Marie **Delafon**
Charles **Dutertre**
Stéphan **Laplanche**
Olivier **Latyk**
Anaïs **Massini**
Clotilde **Perrina**
François **Roudot**
Julien **Rosa**
Bruno **Salamone**
Boris **Tchechovitch**
Fabienne **Teyssèdre**

Rédaction : Laure **Cambournac**, Françoise **de Guibert**
Conseil scientifique : Éric **Mathivet**

Direction artistique : Frédéric **Houssin** & Cédric **Ramadier**
Conception graphique & réalisation : **DOUBLE**
Principe de couverture : Laurent **Carré**
Réalisation : Miyo Edit - Christophe **Petit**

Direction de la publication : Isabelle **Jeuge-Maynart** et Ghislaine **Stora**
Lecture-correction : Delphine **Godard**, Marie-Claude **Salom-Ouazzani**
Fabrication : Rebecca **Dubois**

© Larousse 2013, pour la présente édition
© Larousse 2004, pour l'édition originale
Conforme à la loi n° 49 956 du 16 juillet 1949 sur les publications destinées à la jeunesse.
Toute reproduction ou représentation intégrale ou partielle, par quelque procédé que ce soit,
du texte contenu dans le présent ouvrage, et qui est la propriété de l'Éditeur, est strictement interdite.

ISBN : 978-2-03-589277-5
Imprimé en Espagne par Graficas Estella (Estella)
Dépôt légal : septembre 2004
311916-03 / 11037495 – novembre 2017

Mon premier Larousse des COMMENT ?

SOMMAIRE

Comment c'était ?   6-25
Les dinosaures	8-9
Les hommes préhistoriques	10-11
La découverte du feu	12-13
Les peintures dans les grottes	14-15
Les momies	16-17
L'écriture égyptienne	18-19
La vie des chevaliers	20-21
Les châteaux forts	22-23
Au temps des rois et des reines	24-25

Comment on fait ?   48-59
Les films, les dessins animés	50-51
Les livres	52-53
La danse	54-55
La musique	56-57
La peinture et la sculpture	58-59

Comment ça va la vie ?   26-47
Avant la naissance	28-29
Quand on est petit	30-31
Notre corps	32-33
En bonne santé	34-35
En pleine forme !	36-37
Qu'est-ce qu'on mange ?	38-39
À quoi ça sert de manger ?	40-41
Le sport, c'est important !	42-43
Jouer, c'est nécessaire !	44-45
Étudier, c'est indispensable	46-47

Comment c'est la Terre ?   60-79
Notre planète, la Terre	62-63
Les continents	64-65
Les mers et les océans	66-67
Les montagnes et les volcans	68-69
Les ressources de la Terre	70-71
Les climats et la météo	72-73
Tant de pays, tant de façons de vivre	74-75
Comment on vit ailleurs ?	76-77
Autour du monde	78-79

Comment vivent les animaux et les plantes ? 80-105

LES ANIMAUX
Les différentes espèces	82-83
Dans la nature	84-85
Les petits	86-87
La nuit et l'hiver	88-89
À la campagne	90-91
Les oiseaux	92-93
Dans l'eau	94-95
L'araignée et le papillon	96-97
Les animaux d'ailleurs	98-99
Des bêtes pas si bêtes	100-101

LES PLANTES
Comment ça pousse ?	102-103
Les arbres d'ici et d'ailleurs	104-105

Comment c'est l'univers ? 138-147
Dans le ciel	140-141
L'espace	142-143
À bord d'un vaisseau spatial	144-145
Sur la Lune !	146-147

Comment c'est fait ? Comment ça marche ? 106-137

COMMENT C'EST FAIT ?
Dans le placard	108-109
Dans le réfrigérateur	110-111
Les habits	112-113
Les jouets	114-115
En ville	116-117
Dans la nature	118-119
Dans la maison	120-121
Les constructions	122-123

COMMENT ÇA MARCHE ?
À l'hôpital	124-125
À la banque	126-127
À la poste	128-129
Au garage	130-131
Sur la route	132-133
Les trains	134-135
Les avions et les bateaux	136-137

Comment ça sera le futur ? 148-157
Vive la science !	150-151
Protéger la Terre	152-153
Protéger les animaux	154-155
De l'eau pour tous	156-157

Index 158-160

Comment on sait que les dinosaures ont existé?

Comment on a découvert ce que les hiéroglyphes veulent dire?

 **Comment les Égyptiens ont eu l'idée de faire des momies?**

Comment les hommes préhistoriques ont découvert le feu?

Comment étaient fabriquées les armures des chevaliers?

Comment on devenait roi autrefois?

Comment ça se passait en cas d'attaque?

Comment c'était ?

COMMENT C'ÉTAIT ?

Les dinosaures

Comment on sait que les dinosaures ont existé ?

➜ Après avoir étudié et observé les dents, les os, les œufs ou les morceaux de coquilles retrouvés partout dans le monde, les scientifiques ont conclu que c'étaient ceux d'animaux qu'ils n'avaient jamais vus, d'animaux disparus.
Mais ces animaux avaient forcément vécu, puisqu'on retrouvait leurs restes.

Comment on sait à quelle époque les dinosaures ont vécu ?

➜ Ces restes de dinosaures s'appellent des fossiles. On les retrouve dans le sol, là où les dinosaures sont morts. Les géologues, qui étudient les roches du sous-sol de la Terre, sont capables de dire de quelle époque elles datent. Quand on découvre un fossile dans le sol, il suffit de connaître la date de la roche pour trouver celle du dinosaure.

Comment on fait pour trouver des os de dinosaures?

➤ Il arrive que ce soit par hasard, par exemple en creusant le sol pour construire une route ou une maison, mais le plus souvent c'est en faisant des fouilles à des endroits précis.

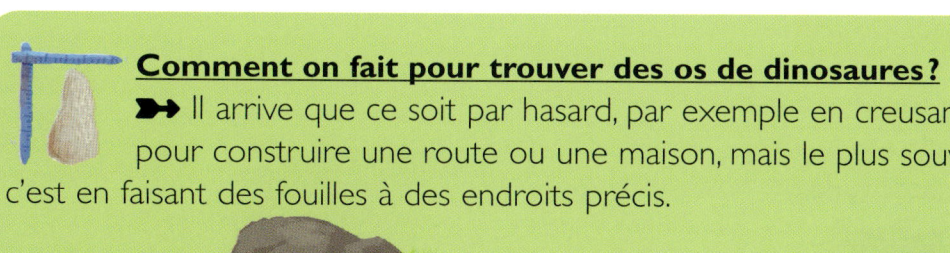

➤ C'est un travail minutieux. Il faut dégager les os, centimètre par centimètre, sans les abîmer : avec le temps certains os sont devenus très fragiles. Les plus petits peuvent être badigeonnés de résine pour les rendre plus solides.

➤ Les os les plus grands, ceux qui ne sont pas cassés en mille morceaux, sont recouverts de bandes plâtrées, qui forment autour d'eux une coquille dure, pour les transporter sans dégâts jusqu'au laboratoire d'analyse.

C'est vrai !
On sait quelle taille les dinosaures avaient, on sait que certains couraient très vite, mais il est impossible de savoir de quelle couleur était leur peau : les dinosaures verts et marron ou tigrés, qu'on voit dans les livres, au cinéma ou à la télé, ce sont des suppositions !

COMMENT C'ÉTAIT ?

COMMENT C'ÉTAIT ?

Les hommes préhistoriques

Comment ils faisaient pour tuer des énormes mammouths ?

➡ Plutôt que de risquer leur vie en attaquant ces gigantesques animaux qui vivaient en troupeaux, ils ont eu l'idée de creuser des pièges : de grands trous dans le sol qu'ils cachaient avec des branches. Dès qu'un mammouth tombait dans ce piège, des hommes armés de pieux et de grosses pierres se précipitaient pour le tuer.

Comment ils faisaient leurs vêtements ?

➡ Les tout premiers hommes n'avaient pas besoin de vêtements, les poils qui recouvraient leur corps leur suffisaient ! Ce sont les hommes de Neandertal et les hommes de Cro-Magnon qui furent les premiers à se fabriquer des vêtements en découpant les peaux des bêtes qu'ils chassaient.

10

Ils habitaient où ?

➦ Les premiers hommes préhistoriques se déplaçaient sans arrêt, dormant à la belle étoile ou trouvant refuge dans des grottes, hélas parfois déjà occupées par des animaux féroces… Puis ils se sont mis à construire des huttes, et enfin à se regrouper en villages pour s'organiser et se sentir moins vulnérables.

Comment étaient leurs armes ?

➦ Les premiers hommes ne se servaient que de grosses branches, de pierres, d'os. Puis ils ont appris à tailler des pierres, le silex, en forme de lames. Ils les fixaient au bout de bâtons pour faire des lances. Enfin, les hommes de Cro-Magnon ont inventé l'arc et la flèche, très pratiques pour chasser à distance.

C'est vrai !
Il y a deux millions d'années, les hommes préhistoriques se nourrissaient surtout de fruits, de feuilles ou de racines, complétés par de la viande quand ils avaient la chance d'en trouver. Ils devaient souvent se contenter de carcasses abandonnées par les animaux chasseurs.

COMMENT C'ÉTAIT ?

COMMENT C'ÉTAIT ?
La découverte du feu

Comment les hommes préhistoriques ont découvert le feu ?

➤ Ils n'ont pas découvert le feu, ils ont toujours su qu'il existait, ils n'avaient qu'à ouvrir les yeux et regarder la nature autour d'eux : les volcans qui crachaient de la lave, la foudre qui enflammait l'herbe sèche… Ils ont compris comment le recueillir et conserver les flammes. Mais allumer un feu eux-mêmes, ils en ont été longtemps incapables.

Comment ils s'y sont pris pour faire du feu ?

➤ Ce sont les Homo erectus qui ont allumé le premier feu de l'humanité. On pense que ça s'est passé par hasard : une pierre en silex lancée violemment sur une roche… et hop ! une petite étincelle jaillit. Après cette incroyable découverte, ils se sont mis à frotter ensemble deux pierres ou deux morceaux de bois pour refaire jaillir la petite étincelle. Et ils ont appris à allumer le feu de cette manière.

Comment le feu a changé leur vie ?
La découverte du feu a révolutionné la vie de nos ancêtres !

➸ Ils se réunissaient autour du feu pour se protéger du froid… et discuter.

➸ Grâce à lui, ils ont vécu un peu plus en sécurité : les bêtes sauvages qui rôdaient autour d'eux avaient peur du feu, elles s'en éloignaient.

➸ Avant, ils mangeaient de la viande et des poissons crus. Le feu leur a permis de les faire rôtir ou griller sur la cendre. C'était plus facile à manger et bien meilleur. Avec la cuisson, ils ont découvert la cuisine !

C'est vrai !
Aujourd'hui, au sud de l'Afrique, il y a encore des hommes qui savent allumer un feu comme le faisait nos ancêtres préhistoriques : ils font tourner rapidement entre leurs mains un bâton très dur, enfoncé dans un petit trou creusé dans du bois tendre !

COMMENT C'ÉTAIT ?

13

COMMENT C'ÉTAIT ?

Les peintures dans les grottes

Comment les hommes préhistoriques ont fait leurs peintures ?

➳ Ils dessinaient les contours avec des plumes ou des bâtons qu'ils trempaient dans un os ou un caillou creux, remplis de poudre colorée.

➳ Ils fabriquaient leurs couleurs, en écrasant des roches trouvées dans la nature. Ils obtenaient ainsi des poudres de couleurs : jaune, marron, orange, noir et rouge.

➳ Ils peignaient avec leurs doigts, avec des pinceaux faits en poils d'animaux ou avec des feuilles.

14

➡ Ils faisaient des pochoirs en soufflant de la peinture dans une branche creuse pour peindre leurs mains.

➡ Pour peindre les plafonds des grottes ils construisaient des échafaudages en bois.

➡ Ils faisaient leurs peintures tout au fond des grottes, loin de la lumière. Il ne fallait surtout pas oublier de stocker des réserves pour s'éclairer : du bois pour leurs torches et de la graisse animale pour leurs lampes !

C'est vrai !
Personne ne sait vraiment pourquoi les hommes préhistoriques peignaient dans des grottes. Ce n'était pas pour faire joli, puisqu'ils n'habitaient presque jamais dedans. On pense que ces grands chasseurs dessinaient des animaux pour prier leurs dieux.

COMMENT C'ÉTAIT ?

COMMENT C'ÉTAIT ?

Les momies

 **Comment les Égyptiens ont eu l'idée de faire des momies ?**

➤➤ Les Égyptiens croyaient qu'il y avait une autre vie après la mort. Et pour que le mort puisse bien profiter de cette seconde vie, il fallait que son corps ressemble le plus possible à ce qu'il était quand il était vivant. D'où l'idée d'embaumer le corps des morts, de le transformer en momie.

 **Comment ils ont appris à faire les momies ?**

➤➤ Ils avaient sans doute remarqué que les animaux morts sous le soleil du désert ne se décomposaient pas, mais qu'ils se desséchaient. Il fallait donc, pour que leurs morts se conservent mieux, les dessécher. Et pour gagner du temps, parce qu'un corps met bien trop de temps à se dessécher au soleil, ils ont trouvé le moyen de le faire artificiellement, avec une sorte de sel appelé natron.

16

 ### Comment ils faisaient pour momifier un corps ?

➦ Embaumer les morts, c'était le travail des prêtres. Ils commençaient par retirer l'intestin, le cerveau, les poumons, le foie et l'estomac pour éviter le pourrissement. Ensuite, ils laissaient le corps se dessécher quarante jours, en le recouvrant complètement de natron. Puis ils le remplissaient de chiffons et l'enveloppaient dans des bandelettes.

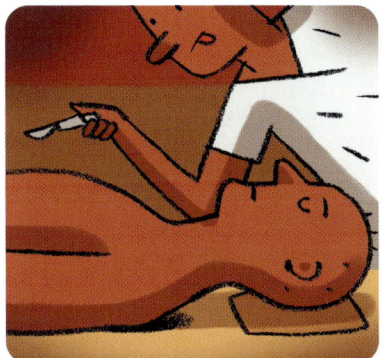
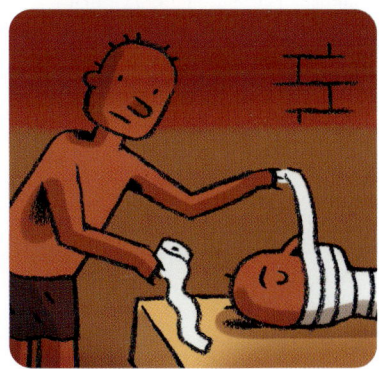

 ### Est-ce que tous les Égyptiens se faisaient momifier ?

➦ Se faire embaumer après sa mort pour vivre dans l'au-delà, c'était le désir de tous les Égyptiens. Mais cela coûtait cher, très cher même, quand c'était fait luxueusement. C'est pourquoi les plus pauvres ne pouvaient pas le faire.

C'est vrai !
Pour qu'un mort ait une seconde vie réussie, il fallait que sa momie lui ressemble. On plaçait sur son visage recouvert de bandelettes un masque le représentant idéalement jeune et beau. Celui des pharaons était en or. Celui des Égyptiens moins riches était en papyrus peint.

COMMENT C'ÉTAIT ?

17

COMMENT C'ÉTAIT ?

L'écriture égyptienne

 **Les Égyptiens ont-ils inventé l'écriture ?**
➦ Ce ne sont pas les Égyptiens qui l'ont inventée. 200 ans avant les premiers hiéroglyphes égyptiens, les Sumériens, qui vivaient dans un pays voisin de l'Égypte, avaient déjà une forme d'écriture. C'était il y a plus de 5 000 ans !

Comment on a découvert ce que les hiéroglyphes veulent dire ?
➦ Pendant des années, personne n'a été capable de déchiffrer ces mystérieuses inscriptions. Jusqu'à Champollion, un passionné d'Égypte qui vivait au temps de Napoléon. C'est lui qui a compris leur sens, en les comparant avec d'autres langues anciennes qu'il connaissait.

 **C'est une écriture si compliquée ?**
➦ Lire et écrire des hiéroglyphes est très compliqué ! Il a plus de 150 signes différents. Ces petits dessins ne veulent pas toujours dire la même chose, tout dépend du signe placé à côté !

Enfin, les hiéroglyphes peuvent se lire de gauche à droite, de droite à gauche, et de haut en bas.

Est-ce que tous les Égyptiens écrivaient en hiéroglyphes ?

➦ Mais non ! D'abord, parce qu'en ce temps-là, très peu de gens savaient lire et écrire. Ensuite, parce que les hiéroglyphes étaient des écritures sacrées réservées aux temples et aux tombeaux. Dans la vie de tous les jours, ceux qui savaient écrire utilisaient une écriture simplifiée, avec des signes plus rapides à tracer.

Sur quoi les Égyptiens écrivaient ?

➦ Quand ils ne gravaient pas dans la pierre leurs textes sacrés, les Égyptiens écrivaient sur des poteries, du bois ou du papier fait avec une plante, le papyrus. Pour faire une feuille de papier ils découpaient la tige des papyrus en bandes fines, ils aplatissaient ces bandes et les assemblaient en les croisant, puis faisaient sécher ces feuilles au soleil.

C'est vrai !
Pour devenir scribe, c'est-à-dire écrivain au temps des Égyptiens, il fallait faire des études très difficiles, réservées aux fils des nobles et des scribes. Ils commençaient à étudier vers 9 ans. Cinq ans plus tard environ, ils savaient enfin lire et écrire des hiéroglyphes !

COMMENT C'ÉTAIT ?

19

COMMENT C'ÉTAIT ?

La vie des chevaliers

Comment on devenait chevalier ?

➥ Les chevaliers étaient le plus souvent des nobles, jamais des paysans : leur apprentissage était long et leur équipement coûtait cher. Dès leur plus jeune âge, les futurs chevaliers devaient étudier les enseignements de l'Église, apprendre à très bien monter à cheval, et à se battre avec leur lourde armure : les chevaliers étaient avant tout des guerriers.

À quel âge on devenait chevalier ?

➥ Vers 20 ans, quand un apprenti chevalier connaissait tout ce qu'il devait savoir, le seigneur chargé de sa formation organisait une cérémonie religieuse appelée l'adoubement : le chevalier recevait son épée et ses éperons, il était prêt à partir se battre pour son seigneur.

20

Comment étaient fabriquées les armures ?

➜ Ce sont les forgerons des châteaux qui étaient chargés de fabriquer les armures, les cottes de mailles, les heaumes, les épées et les boucliers. Ils découpaient des plaques ou des anneaux de métal, les chauffaient pour leur donner leur forme. Puis ils attachaient ensemble les différentes parties avec des rivets.

Est-ce que les armures protégeaient bien ?

➜ Il n'y avait rien de mieux à l'époque ! Mais les armures étaient si lourdes, si encombrantes que les chevaliers, aidés par leurs écuyers, mettaient près d'une heure à les enfiler ! Et les cottes de mailles n'étaient pas parfaites : elles pouvaient être transpercées par les grosses flèches des arbalètes. Si un chevalier tombait de son cheval, il ne pouvait pas remonter dessus. Il risquait d'être fait prisonnier.

C'est vrai !
Pendant les combats et les tournois, les chevaliers étaient complètement dissimulés sous leurs armures. Ils étaient donc impossibles à reconnaître. Pour qu'on ne les confonde pas avec leurs ennemis, ils faisaient peindre leur blason sur leur bouclier, qu'on appelle aussi « écu ».

COMMENT C'ÉTAIT ?

COMMENT C'ÉTAIT ?

Les châteaux forts

À quoi servaient les châteaux forts ?

➦ Construits sur des hauteurs, les châteaux forts étaient de véritables forteresses qui servaient à protéger des villages ou une vallée des attaques ennemies. Ils n'étaient pas faciles à attaquer, avec leurs hautes murailles, leurs grosses tours et leur large fossé rempli d'eau !

Qui habitait dedans ?

➦ Il y avait beaucoup de monde ! Les propriétaires du château, le seigneur et sa famille occupaient le donjon. Des artisans et des fermiers habitaient et vivaient dans des petites maisons en bois construites dans la cour au pied du donjon : ils étaient chargés de subvenir à tous les besoins des habitants du château. Il y avait aussi les serviteurs, un prêtre, un fauconnier, des gardes…

22

Comment ça se passait en cas d'attaque ?

➜ En temps de guerre, les paysans des villages voisins accouraient se mettre à l'abri dans la cour du château avec leurs familles, leurs vaches, leurs cochons et leurs poules. Les gardes remontaient le pont-levis, ils fermaient les portes à double-tour et ils essayaient par tous les moyens, du haut des créneaux, de repousser les ennemis.

C'est vrai !
Les cuisines et le four à pain se trouvaient dans la cour du château : on n'avait rien trouvé de mieux pour éviter tout risque d'incendie. Et tant pis si les plats arrivaient froids dans le donjon, à la table du seigneur !

COMMENT C'ÉTAIT ?

COMMENT C'ÉTAIT?
Au temps des rois et des reines

Comment on devenait roi autrefois ?

➡ Autrefois, quand le roi d'un pays mourait, c'est son premier fils qui devenait roi à son tour. Si un roi mourait sans avoir de fils, ou que cet enfant était trop petit pour régner, sa mère ou son oncle régnait à sa place jusqu'à ce qu'il soit assez grand. Être roi ou reine, c'était une affaire de famille. Et c'est encore la même chose aujourd'hui.

Est-ce que les rois habitaient toujours dans des châteaux ?

➡ Toujours, quand ils n'étaient pas partis faire la guerre ! Leur château était le symbole de leur puissance ou de leur goût pour les belles choses. Ils avaient toute la place qu'il fallait pour donner des fêtes somptueuses et héberger les gens qui s'occupaient de leur domaine. En visitant ces châteaux aujourd'hui, on imagine très bien comment ces rois vivaient.

24

 ### Ça sert à quoi, les rois ?

➡ Autrefois, les rois et les reines décidaient de tout dans leur pays, ils étaient très puissants : ils avaient tous les pouvoirs, ils faisaient des guerres et quand ils donnaient un ordre, il fallait leur obéir !

Aujourd'hui, en Europe, c'est différent. Même dans les pays où il y a un roi, c'est le gouvernement qui s'occupe des choses les plus importantes. Les monarques font des discours, ils inaugurent des monuments, ils représentent leur pays à l'étranger…

 ### Est-ce qu'il y a encore beaucoup de rois et de reines dans le monde ?

➡ Il y a en a moins qu'avant car beaucoup de pays ont des présidents. En Europe, c'est le cas de la France, de l'Italie ou de l'Allemagne. Mais il y a encore de nombreux rois : en Angleterre, en Suède, en Norvège et au Danemark, en Espagne, en Belgique, aux Pays-Bas… même si ce ne sont plus eux qui gouvernent.

Est-ce que les princes épousent toujours des princesses ?

➡ Avant, les princes étaient obligés de se marier avec une jeune fille qui avait du « sang royal », c'est-à-dire qui comptait un roi ou une reine dans sa famille. Maintenant, les princes épousent quelqu'un qu'ils aiment ! Qu'elle soit princesse, actrice de cinéma ou présentatrice à la télévision, c'est l'amour qui compte.

C'est vrai !
Le roi Louis XIV était surnommé le Roi-Soleil. Pour montrer à son peuple combien il était puissant, il avait choisi de s'identifier au Soleil, cet astre indispensable à notre vie, qui est placé bien au-dessus de nos têtes et qui ne s'arrête jamais de briller.

COMMENT C'ÉTAIT ?

Comment nos os font pour pousser ?

Comment on fait les bébés ?

Comment on devient gaucher ?

Comment on soigne les caries ?

Comment ça marche, les lunettes ?

Comment font les nageurs pour nager sans respirer ?

C'est vrai que Charlemagne a inventé l'école ?

Comment ça va la vie ?

COMMENT ÇA VA LA VIE ?

Avant la naissance

Comment on fait les bébés?

➼ On ne fait pas les bébés en se tenant tendrement par la main ou en s'embrassant sur la bouche! Il faut qu'un papa et une maman fassent l'amour pour de vrai.

➼ Après qu'une des cellules de vie du papa (on les appelle les spermatozoïdes) a rencontré une cellule de vie de la maman (on l'appelle l'ovule) un tout petit œuf se forme dans la poche à bébé de la maman : l'utérus.

➼ Cet œuf évolue vite, pour former d'abord une ébauche de bébé, l'embryon, puis un vrai bébé, le fœtus. Il grandit et grossit et, au bout de neuf mois, sort du ventre de sa maman. C'est l'accouchement.

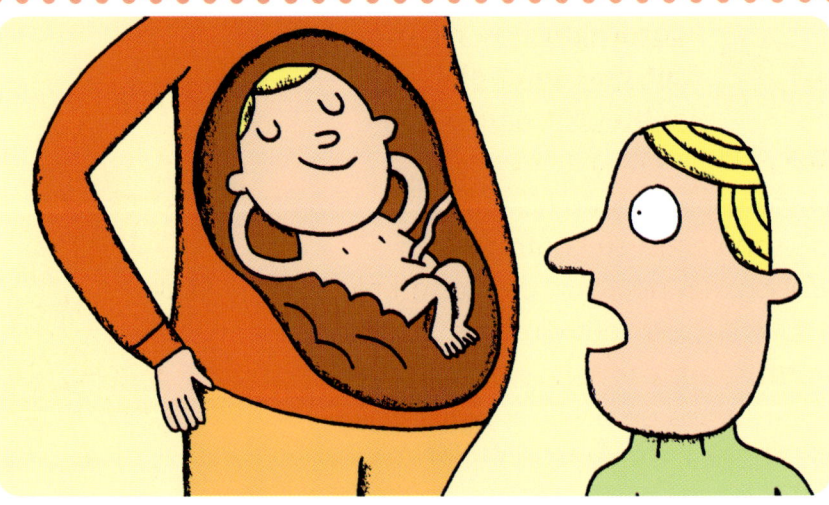

 **Comment un bébé respire dans le ventre de sa maman ?**

➥ Dans le ventre de sa maman, le bébé ne respire pas d'air comme nous. Il récupère, dans son sang, l'oxygène dont il a besoin pour vivre, grâce au cordon ombilical qui le relie à sa maman. C'est aussi comme ça qu'il se nourrit.

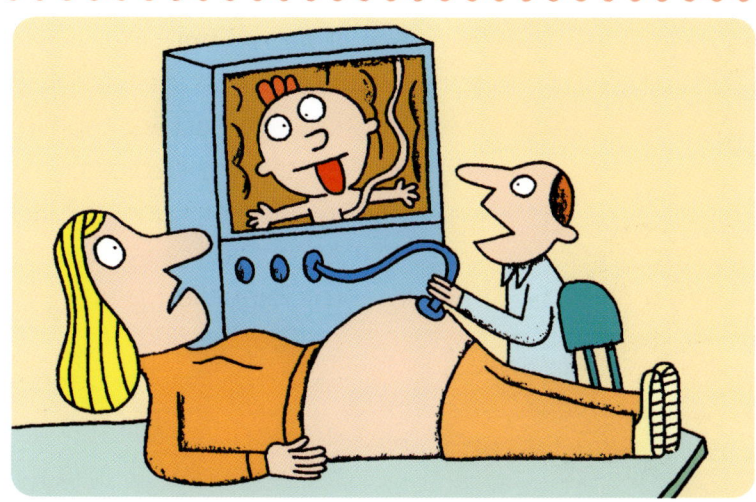

 **Comment savoir s'il va bien ?**
➥ Le médecin peut écouter les battements de cœur du bébé. Il peut aussi l'examiner pour voir s'il grandit bien, grâce à un appareil spécial qui fournit des images précises du bébé. On appelle cet examen une échographie.

 **Comment une maman sait que son bébé va bientôt naître ?**

➥ À la fin de sa grossesse, la maman sent que les muscles de son ventre se contractent, d'abord un peu, puis de plus en plus souvent. Cela veut dire que la naissance est pour bientôt. Il est temps de partir à la maternité de l'hôpital ou de la clinique !

C'est vrai !
Dans le ventre de sa maman, le bébé peut entendre des sons : le bruit du cœur de sa maman bien sûr, la voix grave de son papa, celle de son grand frère ou de sa grande sœur, mais aussi les musiques que sa maman écoute.

COMMENT ÇA VA LA VIE ?

COMMENT ÇA VA LA VIE ?

Quand on est petit

Comment les mamans font pour avoir du lait ?

➤ Pendant la grossesse, la poitrine de la future maman grossit et se prépare à recevoir le lait qui se forme dès les premiers jours après la naissance du bébé. La formation du lait est provoquée par une substance dans le sang de la maman, une hormone.

Comment nos os peuvent pousser ?

➤ Chez un enfant, les extrémités des os sont constituées d'une matière un peu molle, le cartilage de croissance. C'est ce cartilage qui fait grandir, en se transformant en os. La croissance s'arrête quand il n'y a plus de cartilage prêt à se transformer en os.

30

Comment c'est fait les dents de lait?

➤ Quand ils sont petits, les enfants ont seulement 20 petites dents, les dents de lait : des dents sans racine. Elles tombent pour permettre aux dents définitives de pousser à leur place. Les adultes ont 32 dents, plus grandes et plus solides. Si un enfant avait ses dents d'adulte à 5 ans, il aurait un drôle de sourire!

Qu'est ce que ça veut dire, avoir « l'âge de raison »?

➤ Vers l'âge de 7 ans, un enfant est suffisamment grand pour commencer à faire plus attention à ce qu'il dit ou à ce qu'il fait, à être capable de mieux comprendre et de mieux expliquer les choses. On dit qu'il devient raisonnable. C'est de là que vient l'expression « avoir l'âge de raison ».

! C'est vrai!
Même si on ne grandit pas tous de la même façon, en général un adulte mesure à peu près deux fois la taille qu'il avait à l'âge de 2 ans!

COMMENT ÇA VA LA VIE?

COMMENT ÇA VA LA VIE ?

Notre corps

Comment on reconnaît le goût des aliments ?

➡ Les 3 000 petites bosses qui tapissent notre langue, qu'on appelle les papilles, sont capables de reconnaître si un aliment est salé, sucré, acide ou amer. Mais c'est notre odorat qui nous fait découvrir tous les goûts de ce qu'on mange.

À quoi ça sert le nombril ?

➡ Ça ne sert à rien, mais tout le monde en a un ! C'est juste ce qui reste du cordon ombilical qui nous reliait à notre maman, quand on était dans son ventre, et que le médecin a coupé avec précaution à notre naissance.

Pourquoi notre sang est rouge ?

➡ Nous avons environ 5 litres de sang dans le corps. Le sang doit sa couleur aux milliards de cellules microscopiques qu'il contient : les globules rouges.

Les globules rouges transportent l'oxygène que l'on respire dans tous les organes de notre corps.

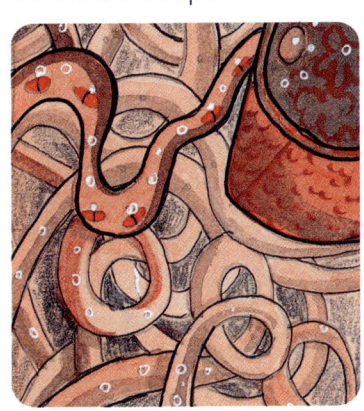

Pourquoi on a mal quand on se brûle ?

➡ La peau contient plein de minuscules récepteurs nerveux : quand on se brûle, ils nous alertent en transmettant une sensation de douleur. C'est très désagréable, mais ça aide à réagir. Quand la douleur est très forte, le cerveau diffuse des substances calmantes.

Comment on devient gaucher ?

➡ On ne le devient pas, on l'est à la naissance ! Tout dépend de notre cerveau. Il y a beaucoup plus de droitiers que de gauchers, mais les uns ne sont pas mieux que les autres.

C'est vrai !

On ne mesure pas tout à fait la même taille la journée et la nuit.

La journée, quand on est debout, les os de notre colonne vertébrale se tassent : on mesure près d'1 cm de moins que la nuit, quand notre corps est détendu parce qu'on est allongé !

COMMENT ÇA VA LA VIE ?

COMMENT ÇA VA LA VIE ?

En bonne santé

Comment ça marche les médicaments ?

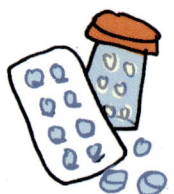

➨ Les médicaments contiennent des substances particulières, qui nous permettent de lutter contre la douleur et les maladies. C'est le médecin qui sait quel médicament il faut choisir pour soigner telle ou telle maladie.

À quoi ça sert les vaccins ?

➨ Un vaccin contient un tout petit peu d'une maladie. Quand on fait un vaccin à quelqu'un, ça ne le rend pas malade, mais son corps reconnaît la maladie et se prépare à la combattre. Si, un jour, cette maladie l'attaque pour de vrai, le corps saura la repousser, il sera protégé.

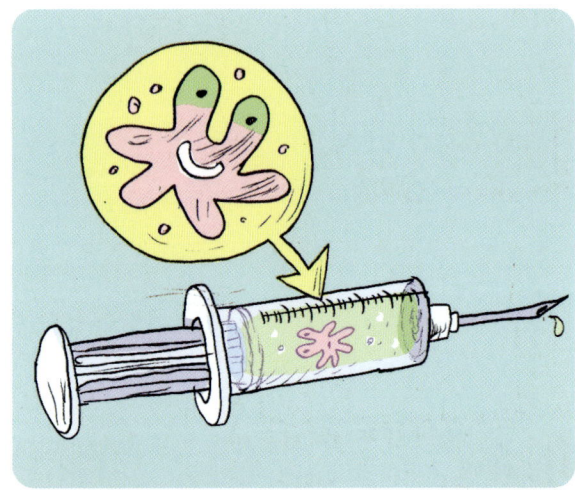

C'est quoi les antibiotiques ?

➨ Les antibiotiques sont des médicaments qui détruisent les microbes de certaines maladies graves ou les rendent plus faibles, pour que notre corps les détruise. En quelques jours, on est guéri ! Mais les antibiotiques ne peuvent pas guérir toutes les maladies.

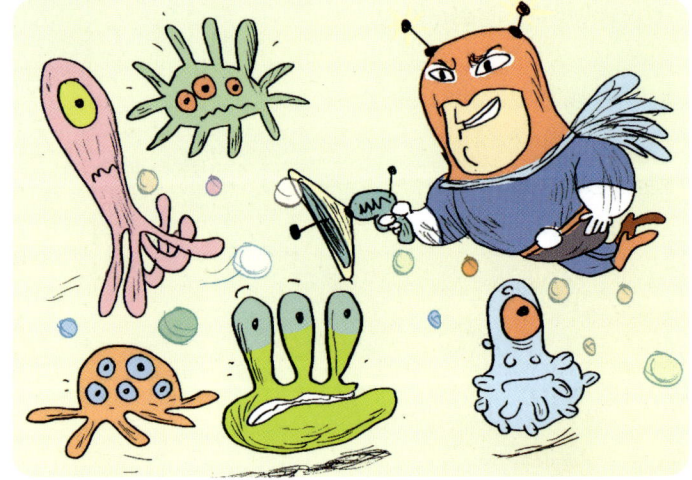

Comment le dentiste soigne les caries ?

➡ Une carie, c'est un petit trou dans l'émail blanc qui recouvre la dent, un petit trou qui fait mal ! Avant de reboucher ce trou avec un produit qui durcit, le dentiste doit creuser la dent pour éliminer tous les microbes. L'appareil qu'il utilise s'appelle une « fraise ».

Comment un plâtre peut guérir un os cassé ?

➡ Un plâtre ne guérit rien du tout ! Il sert juste à immobiliser l'os cassé. Car les os finissent par se recoller tout seuls si on les maintient à leur place, sans bouger, pendant plusieurs semaines.

C'est vrai !
On peut attraper des verrues aux pieds dans des piscines ou dans des salles de gymnastique, partout où les gens marchent pieds nus, car les verrues sont très contagieuses. Elles sont transmises par des virus.

COMMENT ÇA VA LA VIE ?

COMMENT ÇA VA LA VIE ?

En pleine forme !

Combien d'heures on doit dormir ?

➥ Tout dépend de l'âge qu'on a. Les bébés ont besoin de dix-huit heures de sommeil par jour, les adolescents de neuf à dix heures, et les adultes, d'environ huit heures. Mais il y a des gens qui ne dorment que cinq heures par nuit et qui se portent très bien !

Est-ce que c'est vraiment dangereux de fumer ?

➥ En fumant, on fait rentrer la fumée des cigarettes dans les poumons. Dans cette fumée, il y a du poison qui attaque la gorge et les poumons et qui passe dans le sang. À la longue, cela peut donner de graves maladies.

Comment ça marche les lunettes ?

➥ Quand on ne voit pas bien, on doit porter des lunettes. Leurs verres spéciaux permettent de corriger tous les défauts de la vue. Grâce à eux, on voit mieux de près ou de loin, ou bien on arrête de voir les objets déformés.

36

Comment ça vient les cauchemars ?

➡ Les cauchemars, ce sont de mauvais rêves fabriqués par notre cerveau pendant qu'on dort.
Les rêves, c'est un peu comme les films : il y en a de doux et de sympathiques, d'autres qui font peur ou qui racontent une histoire qui se passe mal…

Comment on attrape des poux ?

➡ Les poux sont des bêtes minuscules qui s'accrochent aux cheveux pour pondre leurs œufs. Pour attraper des poux, il suffit de toucher avec ses cheveux la tête de quelqu'un qui en a, de se servir de sa brosse à cheveux, de mettre sa casquette… Les poux, c'est très contagieux, ça gratte, ça provoque des boutons, des infections.

C'est vrai !
Le marchand de sable ne passe que toutes les deux heures ! Si on n'écoute pas son corps en allant se coucher dès les premiers bâillements, on risque d'être obligé d'attendre deux heures avant d'avoir de nouveau sommeil… et le matin on est très fatigué !

COMMENT ÇA VA LA VIE ?

COMMENT ÇA VA LA VIE ?

Qu'est-ce qu'on mange ?

Comment les aliments nous nourrissent ?

➡ La nourriture que l'on mange contient des éléments qui donnent à notre corps son énergie et tout ce dont il a besoin pour se développer : protéines, glucides, lipides, sels minéraux et vitamines. Une fois la nourriture digérée, ces éléments passent dans le sang qui circule partout dans notre corps.

C'est quoi un repas équilibré ?

➡ Manger équilibré, c'est manger à chaque repas un peu de tout, en petites quantités : des légumes, de la viande, des œufs ou du poisson, mais aussi des produits laitiers, comme le fromage ou les yaourts et des fruits.

C'est grave de ne pas prendre un bon petit déjeuner ?

➤ La nuit, pendant que nous dormons, notre corps puise dans ses réserves pour continuer à fonctionner. Le matin, il faut donc lui donner de quoi reprendre des forces. Si on ne le fait pas, on se sent fatigué et on a très faim jusqu'au déjeuner !

À quoi ça sert de boire de l'eau ?

➤ Notre corps a besoin de beaucoup d'eau chaque jour pour bien fonctionner.
Quand on fait pipi, quand on transpire et même quand on respire, une partie de l'eau de notre corps s'en va ! C'est pour la renouveler qu'il faut boire régulièrement.

C'est vrai !
Contrairement à ce qu'on raconte, la soupe ne fait pas spécialement grandir, mais elle apporte à notre corps de très bonnes choses contenues dans les légumes avec lesquels on la fait.
Et c'est déjà bien !

COMMENT ÇA VA LA VIE ?

COMMENT ÇA VA LA VIE ?

À quoi ça sert de manger ?

Que devient la nourriture qu'on mange ?

➨ Dès que nous mettons de la nourriture dans notre bouche, notre corps met en route tout un système, le système digestif, pour récupérer dans les aliments les substances qui nous sont utiles.

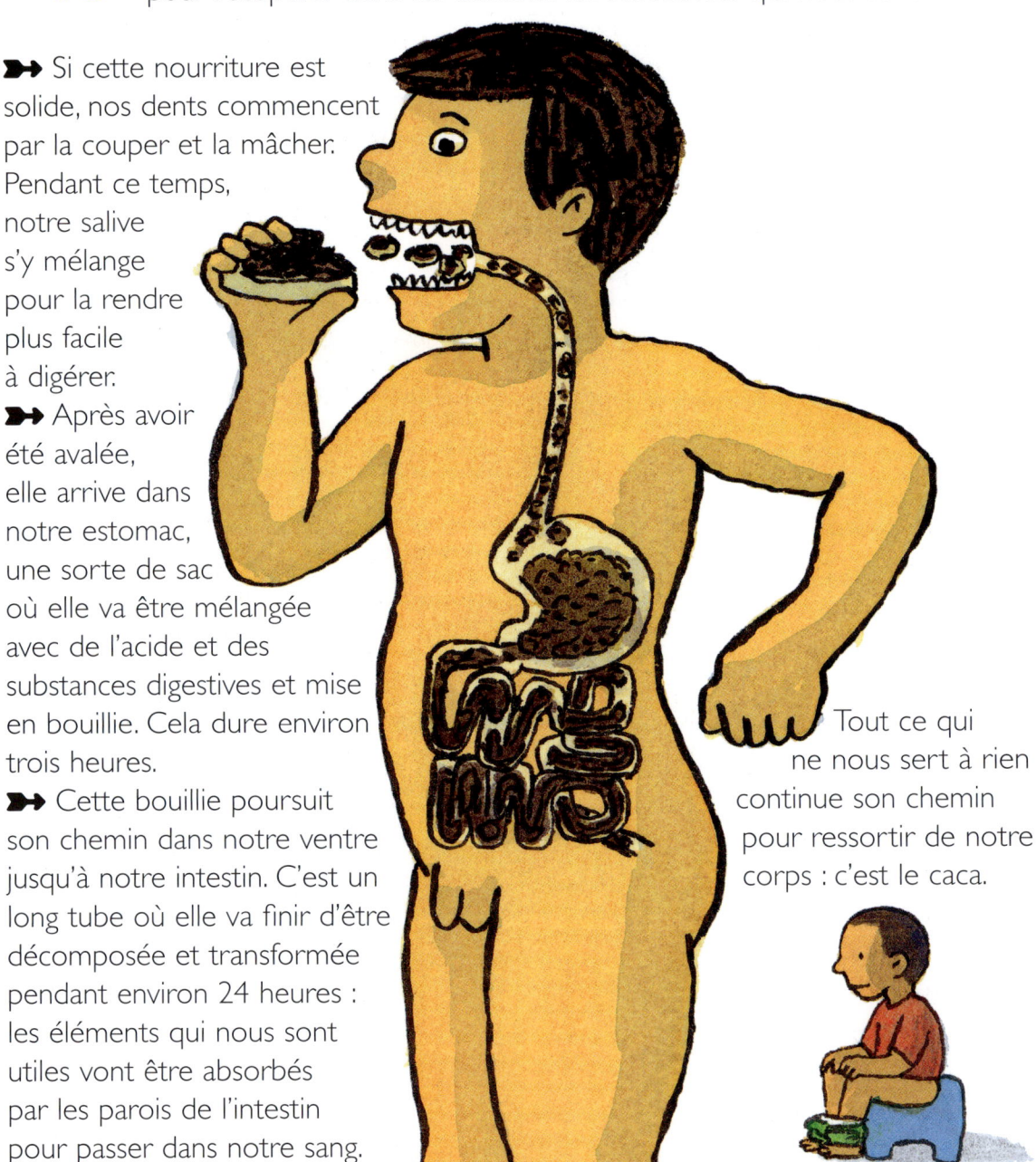

➨ Si cette nourriture est solide, nos dents commencent par la couper et la mâcher. Pendant ce temps, notre salive s'y mélange pour la rendre plus facile à digérer.

➨ Après avoir été avalée, elle arrive dans notre estomac, une sorte de sac où elle va être mélangée avec de l'acide et des substances digestives et mise en bouillie. Cela dure environ trois heures.

➨ Cette bouillie poursuit son chemin dans notre ventre jusqu'à notre intestin. C'est un long tube où elle va finir d'être décomposée et transformée pendant environ 24 heures : les éléments qui nous sont utiles vont être absorbés par les parois de l'intestin pour passer dans notre sang.

Tout ce qui ne nous sert à rien continue son chemin pour ressortir de notre corps : c'est le caca.

40

D'où vient notre salive et à quoi elle sert?

➜ La salive est fabriquée par des petites glandes situées au fond de notre bouche. Nous fabriquons environ un litre de salive par jour. Cette salive contient surtout de l'eau, mais aussi divers éléments indispensables au démarrage de la digestion. C'est pour cela qu'il faut mâcher avant d'avaler, même si c'est mou.

Comment c'est possible d'avoir de l'air dans le ventre?

➜ Quand on mange, on avale un peu d'air. Quand on boit aussi, surtout s'il s'agit de boissons gazeuses. Et pendant la digestion de certains aliments, des gaz se forment dans notre ventre. Pour se sentir mieux, il faut faire sortir cet air, en faisant un rot ou un pet, mais le plus discrètement possible!

C'est vrai!
Le tube digestif d'un adulte mesure à peu près 9 m de long, de la bouche jusqu'à l'anus! L'intestin à lui tout seul mesure 8 m. Pour tenir dans notre ventre, il est enroulé bien serré sur lui-même.

COMMENT ÇA VA LA VIE?

COMMENT ÇA VA LA VIE ?

Le sport, c'est important !

À quoi ça sert de faire du sport ?

➡ Faire du sport permet de développer son corps, de rester en forme et en bonne santé. Le sport permet aussi de partager de bons moments à plusieurs, quand on joue en équipe. Il donne confiance en soi, il apprend le respect des règles et des autres.

À quoi ça sert de s'échauffer ?

➡ S'échauffer en faisant des mouvements d'assouplissement ou en sautillant, c'est indispensable pour préparer ses muscles, y compris son cœur, avant de faire un effort physique. Pendant l'échauffement, les muscles récupèrent toute l'énergie dont ils auront besoin pour produire ensuite cet effort.

Comment font les nageurs pour nager sans respirer ?

➡ Mais ils respirent ! S'ils gardent le plus souvent la tête dans l'eau, en bloquant leur respiration pour ne pas se ralentir, ils sortent régulièrement un peu leur visage de l'eau pour prendre une grande inspiration par la bouche.

Comment ça vient une crampe ?

➥ Une crampe se produit quand tout à coup un muscle se contracte, se bloque, alors qu'il devrait se relâcher : il devient tout dur et très douloureux. On peut avoir une crampe quand on fait un effort violent, quand on ne s'est pas assez échauffé, mais aussi parfois en dormant !

Pourquoi on est essoufflé quand on a beaucoup couru ?

➥ Quand nous courons vite, nos muscles ont besoin de plus d'oxygène que d'habitude. Pour leur donner cet oxygène, nous sommes obligés de respirer plus vite. Au début c'est facile, mais au bout d'un certain temps, on commence à avoir du mal à respirer vite : on s'essouffle !

C'est vrai !
Dans notre corps, c'est comme s'il y avait une horloge invisible ! Les médecins ont remarqué que le moment où nous sommes le plus performant pour faire du sport, c'est entre 3h et 4h de l'après-midi.

COMMENT ÇA VA LA VIE ?

COMMENT ÇA VA LA VIE ?

Jouer, c'est nécessaire !

Est-ce que tous les enfants jouent ?

➥ Oui ! Les enfants ont besoin de passer beaucoup de temps à jouer. Peu importe qu'ils jouent seuls ou à plusieurs. Qu'ils jouent avec du carton et des bouts de ficelle ou avec des robots compliqués, l'important c'est de jouer ! Collectionner des cailloux ou des autocollants, faire des tours de magie, ou un puzzle, c'est aussi jouer.

Pourquoi les bébés passent autant de temps à jouer ?

➥ Un bébé grandit en observant ce qui se passe autour de lui et en jouant avec des objets. Le jeu permet à un bébé de développer son intelligence, c'est donc très important pour lui de jouer. Les bébés animaux aussi passent beaucoup de temps à jouer, pour apprendre !

Pourquoi les adultes ne jouent plus ?

➦ Beaucoup d'adultes jouent ! Mais certains pensent que les jeux sont réservés aux enfants. D'autres disent qu'ils n'ont pas le temps, entre leur travail, ce qu'il y a à faire à la maison et la télé. C'est dommage : jouer permet de se détendre, de partager un bon moment avec des amis.

Pourquoi les filles et les garçons ne jouent pas aux mêmes jeux ?

➦ Les enfants aiment bien jouer avec des jouets qui imitent les gestes de leurs parents : le garage et le foot comme papa pour les garçons, la dînette comme maman pour les filles. Même s'il y a beaucoup de mamans qui conduisent et des papas qui font très bien la cuisine, un papa et une maman donnent rarement une voiture à leur fille et une dînette à leur fils.

C'est vrai !
Les enfants d'ici ont de la chance de pouvoir jouer souvent et d'avoir autant de jouets dans leur chambre. Dans le monde, beaucoup d'enfants ont peu de temps pour jouer, parce qu'ils sont obligés de travailler pour gagner un peu d'argent, comme leurs parents.

COMMENT ÇA VA LA VIE ?

COMMENT ÇA VA LA VIE ?

Étudier, c'est indispensable

C'est vrai que Charlemagne a inventé l'école ?

➤ À l'époque de l'empereur Charlemagne, peu d'enfants apprenaient à lire et lui-même ne savait pas écrire. L'important, pour ceux qui étaient les plus riches, c'était d'apprendre à monter à cheval et à combattre. Mais Charlemagne a décidé de faire venir des savants dans son palais pour y enseigner leurs connaissances. C'était une sorte d'école !

À quoi ça sert d'aller à l'école ?

➤ Aller à l'école, ça sert à apprendre à lire, à écrire, à compter et à connaître des choses importantes pour bien se débrouiller dans la vie. L'école, ça sert aussi à apprendre à vivre avec les autres et à se faire des amis.

46

Est-ce que tous les enfants du monde apprennent la même chose?

➡ Pas tout à fait. Tous les enfants apprennent à lire et à compter dans leur langue et chacun apprend l'histoire de son pays. Dans beaucoup de pays, les enfants n'ont pas de beaux cartables, ni même de livres, mais ils sont heureux d'aller en classe parce qu'ils apprennent des choses!

Ça veut dire quoi « avoir la bosse des maths » ?

➡ Autrefois, un savant nommé Gall a cru que l'on pouvait mesurer l'intelligence et les talents des gens d'après la forme de leur crâne. Évidemment, ça n'avait aucun sens, mais c'est de là que vient l'expression « avoir la bosse des maths », pour dire que certains ont du talent pour les maths. Mais pour être bon en maths, il faut surtout apprendre.

$$Ar = \frac{-4c^2}{r} \times \frac{1}{r^2}$$

à celui qui le lira

C'est vrai!
Il y a 50 ans, dans la plupart des pays, les garçons et les filles allaient dans des écoles différentes. Ça a bien changé! Mais il y a encore beaucoup de pays où les garçons et les filles ne vont pas ensemble en classe.

COMMENT ÇA VA LA VIE ?

Comment on fait les dessins animés?

Comment on fabrique le papier?

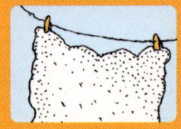

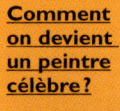

Comment on devient un peintre célèbre?

Comment fait un dompteur pour dresser des animaux?

Comment on devient clown?

Combien il y a de sortes d'instruments de musique?

Comment on fait rentrer de la musique sur un CD?

Comment on fait ?

COMMENT ON FAIT ?

Les films, les dessins animés

À quoi ça sert, les films et les dessins animés ?

➡ Les films et les dessins animés sont un peu comme les livres, avec des images et des sons en plus. Ce sont des histoires à regarder et à écouter, pour se distraire, rire, éveiller son imagination, apprendre des choses ou ressentir des émotions.

Comment on fait les dessins animés ?

➡ Pour « animer » un dinosaure, par exemple, on fait des dizaines d'images qui décomposent chacun de ses mouvements.
Les images peuvent aussi être faites au moyen d'un ordinateur : ce sont des images de synthèse. Lors de la projection ces images s'enchaînent très vite pour qu'on ait l'impression de voir le dinosaure marcher.

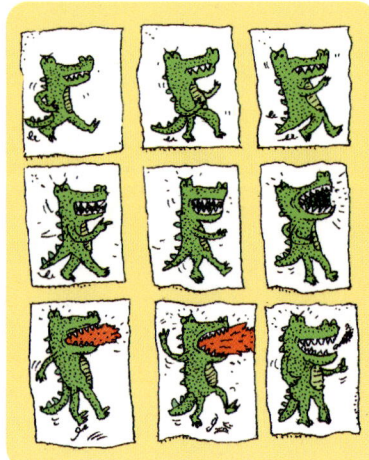

50

C'est quoi les effets spéciaux ?

➤ Les effets spéciaux, ce sont tous les truquages inventés par des techniciens très habiles pour rendre vraisemblables des choses impossibles. Faire dialoguer une souris avec un vrai papa et une vraie maman, c'est un effet spécial ! Faire apparaître un gentil fantôme, alors que les fantômes n'existent pas, c'est un effet spécial !

Pourquoi, dans les dessins animés, on nous montre des choses qui n'existent jamais en vrai ?

➤ Pour montrer des choses qui n'existent pas, un château qui vole dans le ciel ou un robot géant qui se transforme en engin de combat, il suffit de les imaginer et de les dessiner. C'est du travail, mais c'est plus facile que de les construire en vrai pour ensuite les filmer.

C'est vrai !
Au temps des vieux films de Charlot, on ne savait pas enregistrer les sons et les voix des acteurs. Pour savoir ce qu'ils se disaient, les spectateurs lisaient des phrases sur l'écran. Et, pour mettre de l'ambiance, un pianiste jouait dans la salle de cinéma pendant la projection du film !

COMMENT ON FAIT ?

COMMENT ON FAIT ?

Les livres

Pourquoi il y a tant de livres différents ?

➦ Parce qu'il en faut pour tous les âges, tous les goûts, toutes les envies de connaître ! Il y a des albums, des bandes dessinées, des romans, des recueils de poésie, des guides de voyage, des beaux livres avec des photos, des livres de classe. Les livres, c'est formidable : ça permet d'apprendre, de se distraire, de rêver, de s'évader…

Les livres sont toujours faits avec du papier ?

➦ La plupart du temps, mais pas toujours. Pour les bébés, on fait des livres en tissu, qu'ils peuvent mettre dans leur bouche, ou en carton, qu'ils peuvent tripoter sans les déchirer, ou encore en plastique, à regarder dans le bain !

Est-ce que le papier a toujours existé ?

➦ Ce sont les Chinois qui l'ont inventé, il y a plus de 2 000 ans ! Quand le papier n'existait pas, on écrivait sur de la pierre, du bois, des briques, du parchemin fait avec des peaux d'animaux. Les Égyptiens écrivaient sur une sorte de papier fait avec la tige d'une plante : le papyrus, une plante aquatique. C'est le mot papyrus qui a donné le mot papier.

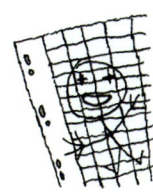

Comment on fabrique le papier ?

➡ On peut faire du papier chez soi, de manière artisanale, avec des vieux papiers qu'on mélange avec de l'eau, dans une cuvette, pour faire une pâte.

➡ On met cette pâte sous une petite presse pour l'aplatir et faire des feuilles.

➡ On met ces feuilles à sécher et on coupe leurs bords pour les rendre réguliers.

➡ On obtient ainsi du papier plutôt épais et pas très blanc…

➡ Dans les usines, on fabrique du papier à peu près de la même manière, mais avec de grosses machines. On utilise rarement des vieux papiers, sauf pour faire du papier recyclé. Pour faire la pâte à papier, on utilise surtout une matière contenue dans les arbres : la cellulose.

➡ On ajoute des tas de produits : pour imperméabiliser le papier, pour le colorer ou au contraire pour le rendre ultra blanc. On sait faire toutes sortes de papiers différents. Le papier qui va servir à faire des livres et des journaux est stocké en très gros rouleaux.

C'est vrai !
Le premier livre imprimé en Europe est une Bible. Elle a été fabriquée par un Allemand, Gutenberg, il y a plus de 500 ans. Aujourd'hui, il reste encore un peu plus de quarante exemplaires de cette Bible.

COMMENT ON FAIT ?

COMMENT ON FAIT ?

La danse

Comment fait une danseuse pour ne pas avoir le tournis ?

➤ Les danseuses et les championnes de patin à glace, qui font des pirouettes en tournant à toute vitesse sur elles-mêmes, ont un truc pour ne pas perdre l'équilibre : elles font tourner leur tête d'un seul coup en fixant toujours le même point.

Comment une danseuse peut tenir longtemps sur ses pointes ?

➤ Les danseuses s'exercent pendant plusieurs années afin que leurs chevilles et leurs pieds soient capables de supporter une telle position. C'est très difficile à réussir. Et comme l'extrémité des chaussons est en bois, ça fait très mal aux doigts de pieds !

Comment un tutu peut tenir tout droit ?

➤ Un tutu est fait de plusieurs épaisseurs d'un tissu fin et très rigide, le tulle. Le tutu ressemble à une fleur, il est fait pour apporter de la grâce à la danseuse, mais aussi pour bien mettre en valeur ses jambes.

C'est vrai !

C'est parce qu'ils ont des petites plaques de fer sous leurs chaussures que les danseurs de claquettes font ce « tip-tap et tap » qu'on entend bien quand ils dansent. Le bruit de leurs pieds qui frappent le sol en rythme, plus ou moins vite, fait comme de la musique !

COMMENT ON FAIT ?

Au cirque

Comment on devient clown ?

➡ Les clowns doivent savoir faire beaucoup de choses pour faire rire et pour émouvoir les spectateurs : jouer de la musique, faire des acrobaties, mimer. Certains apprennent petit à petit leur métier dans le cirque où ils vivent avec leur famille. D'autres vont dans des écoles de cirque.

Pourquoi les pistes de cirque sont toujours rondes ?

➡ C'est une tradition depuis l'invention du cirque, il y a plus de 200 ans. À cette époque, on ne présentait que des numéros avec des chevaux. Sur la piste ronde, les chevaux tournaient sans pouvoir s'échapper et ils repartaient par où ils étaient rentrés.

Comment fait un dompteur pour dresser des animaux sauvages ?

➡ Souvent, il s'occupe de ses animaux depuis qu'ils sont tout petits. Il connaît leur caractère et leur comportement. Les animaux lui font confiance. Les animaux apprennent un numéro à la fois. Quand ils ont bien fait ce qu'on leur demande, ils sont récompensés, ce qui leur donne envie de recommencer ! Pour qu'ils soient moins dangereux, les fauves sont nourris avant le spectacle : avec le ventre plein, ils ont moins envie de croquer le dompteur…

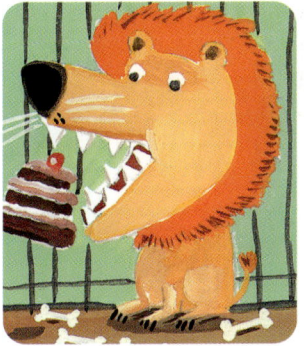

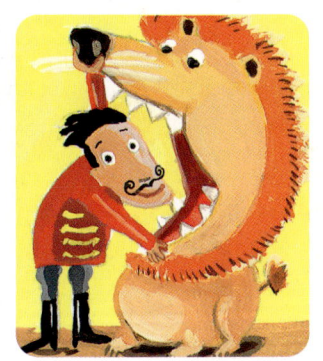

C'est vrai !
Au temps des chevaliers du Moyen Âge, il n'y avait pas de cirque mais déjà des jongleurs ! Ils se déplaçaient de villages en châteaux pour distraire les gens en jonglant, mais aussi en chantant, en dansant, en faisant des tours et des acrobaties.

COMMENT ON FAIT ?

La musique

C'est quoi les notes de musique ?

➼ On n'a rien trouvé de mieux pour interpréter, apprendre et transmettre la musique ! C'est un moine italien du Moyen Âge qui a eu l'idée d'inventer les sept notes de musique, une sorte d'alphabet des sons. Il a eu aussi l'idée des lignes sur les partitions, les portées, en s'inspirant des cordes des violons et des guitares.

Comment on peut faire rentrer de la musique sur un CD ?

➼ Cela fait maintenant 20 ans que le CD existe ! Il a remplacé le disque noir, qu'on appelle aussi un vinyle. Un CD mesure 12 cm de diamètre. Il est fait d'une superposition de couches très fines de plusieurs matériaux. Sur la dernière couche, un rayon laser peut graver plus d'une heure de musique.

Combien il y a de sortes d'instruments de musique ?

➼ Énormément, c'est impossible de tous les compter ! Il y a les instruments traditionnels utilisés dans tous les orchestres du monde : les instruments à cordes, les instruments à vent, les percussions et les instruments électroniques.

Il y a aussi beaucoup d'instruments spécifiques à chaque style de musique et à chaque région du monde.

Comment un chef d'orchestre dirige avec sa baguette ?

➜ Il donne le rythme, indique quand il faut commencer ou s'arrêter, ou quand certains instruments doivent jouer une partie spéciale. Il indique aussi quand il faut jouer fort ou doucement… Bref, il dirige tous les musiciens pour qu'ils jouent bien ensemble, sans que ce soit la cacophonie !

C'est vrai !
Autrefois, les hommes fabriquaient des instruments avec ce qu'ils trouvaient dans la nature : de l'os, du bois, des roseaux, des coquillages, des peaux. Aujourd'hui, on fait de la musique grâce à l'électricité : c'est ce qu'on appelle de la musique électronique. L'électricité permet aussi de jouer plus fort, d'amplifier les sons.

COMMENT ON FAIT ?

Comment on a su que la Terre était ronde ?

Comment on sait que l'orage se rapproche ?

Comment on choisit sa religion ?

Comment on arrive à vivre dans le désert ?

Comment font les animaux pour vivre tout au fond de la mer ?

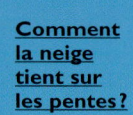

Comment la neige tient sur les pentes ?

Comment ça marche un barrage ?

Comment c'est la Terre ?

COMMENT C'EST LA TERRE ?

Les continents

Combien il y a de continents ?

➤ Il y a six continents : l'Afrique, l'Europe, l'Asie, l'Australie, l'Amérique et l'Antarctique. Souvent, on rassemble l'Europe et l'Asie en un seul continent, l'Eurasie, et on sépare l'Amérique du Sud et l'Amérique du Nord en deux continents, mais le total fait toujours six !

De quoi sont faits les continents ?

➤ La surface de la Terre (là où nous vivons) est faite d'une croûte de roches : la croûte terrestre. Elle forme les continents et le fond des océans. La croûte terrestre est faite de plusieurs immenses plaques emboîtées les unes dans les autres, un peu comme un puzzle.

Combien il y a de pays sur chaque continent ?

➡️ Cela change beaucoup d'un continent à l'autre. L'Amérique du Nord ne comprend que trois pays : le Canada, les États-Unis et le Mexique. Le continent africain, lui, comprend plus de 50 pays différents. Le continent Antarctique, autour du pôle Sud, est trop froid : il n'y a aucun pays.

Est-ce que les continents ont toujours existé ?

➡️ Il y a très très longtemps, tous les continents étaient réunis en un seul grand continent, appelé la Pangée. Ensuite, très très très lentement, la Pangée s'est divisée en continents, qui se sont séparés et ont fini par former notre monde actuel.

avant — aujourd'hui

Est-ce qu'ils bougent encore ?

➡️ Les plaques sur lesquelles sont les continents bougent et les continents se déplacent, ils « dérivent » de quelques centimètres chaque année. Dans 50 millions d'années, notre planète sera sûrement très différente !

C'est vrai !
Christophe Colomb a découvert l'Amérique en 1492. À l'époque, les Européens ne savaient pas que ce continent existait et Colomb pensait être arrivé en Asie. C'est pourquoi il appela ces terres les Indes occidentales et que les premiers habitants de l'Amérique sont appelés les Indiens.

COMMENT C'EST LA TERRE ?

65

COMMENT C'EST LA TERRE ?
Les mers et les océans

Quelle est la différence entre une mer et un océan ?

➡ Les océans sont plus grands et plus profonds que les mers. Les mers sont très nombreuses alors qu'il y a seulement cinq océans : le Pacifique, l'Atlantique, l'océan Indien, l'océan Arctique et l'océan Antarctique.

C'est vrai qu'il y a des courants chauds et froids dans les océans ?

➡ Des courants chauds ou froids traversent les océans. Ils sont créés par les vents et par la rotation de la Terre. Les courants chauds viennent de l'Équateur et les courants froids viennent des pôles. Ils sont très importants pour les animaux marins, et aussi pour le climat.

Qu'est-ce qu'il y a au fond des océans ?

➡ Près du bord, il y a du sable, des rochers, des algues et des animaux marins. En allant vers le large, le sol s'incline et descend jusqu'à 2 000 m et plus !

À ces profondeurs, il fait noir et il y a très peu d'animaux. Le sol n'est pas toujours plat : il y a des chaînes de montagnes sous-marines et de nombreux volcans !

Est-ce qu'on peut aller au fond des océans ?
➨ On peut descendre étudier le fond de l'océan grâce à des sous-marins spéciaux. Il est impossible d'en sortir, mais on utilise des bras articulés pour recueillir des morceaux de sol. On envoie aussi des appareils téléguidés munis de caméras que l'on dirige depuis un bateau.

Comment font les animaux pour vivre tout au fond ?
➨ Le fond des océans (les abysses) est presque désert. L'absence de lumière empêche les algues d'y vivre, mais des vers, des crustacés, des poissons et d'autres animaux y trouvent de quoi se nourrir. Certains se rassemblent autour des sources d'eau brûlante des abysses.

C'est vrai !
Notre planète est couverte d'eau, c'est pour cela que la Terre est toute bleue vue de l'espace. Les océans et les mers sont deux fois plus vastes que les terres. À lui seul, le Pacifique, le plus grand des océans, est plus vaste que tous les continents réunis.

COMMENT C'EST LA TERRE ?

67

COMMENT C'EST LA TERRE ?

Les montagnes et les volcans

Comment la neige tient sur les pentes des montagnes ?

➤ En tombant, les flocons de neige s'accrochent à la pente et forment une fine couche. S'il continue à neiger, la couche de neige devient plus épaisse et plus lourde mais elle tient toujours. Les obstacles sur la pente, comme les blocs de pierre ou les arbres, aident à la retenir.

Pourquoi il fait plus froid en altitude ?

➤ L'air est chauffé par les rayons du Soleil et garde leur chaleur, mais en montagne, plus on monte en altitude plus l'air est rare et moins la chaleur du Soleil est conservée. De plus, la neige renvoie vers le ciel les rayons du Soleil : ils chauffent moins.

Est-ce que tous les volcans fabriquent de la lave ?

➡ Tous les volcans produisent de la lave à un moment de leur longue vie. Certains crachent des gaz et des cendres avant de cracher de la lave liquide, d'autres explosent brusquement et d'autres laissent en permanence un torrent de lave épaisse couler de leur cratère. Quand les volcans ne crachent plus rien, on dit qu'ils sont éteints.

Comment les volcans entrent en éruption ?

➡ Un volcan en éruption fait jaillir de la fumée, des cendres, des rochers ou de la lave. C'est la pression de la lave et des gaz à l'intérieur du volcan qui provoque l'éruption. La lave vient des profondeurs de la Terre, là où les roches sont fondues par la chaleur.

C'est vrai !
La plus haute montagne de la planète est un volcan sous la mer ! Il part du fond de l'océan et mesure 10 000 mètres de haut. Son sommet émerge de l'eau : il forme l'île d'Hawaii dans l'océan Pacifique.

COMMENT C'EST LA TERRE ?

COMMENT C'EST LA TERRE ?

Les ressources de la Terre

C'est quoi exactement le pétrole ?

➤ Le pétrole est marron ou noir ; il est plus ou moins visqueux. Il provient d'animaux marins et d'algues qui sont morts il y a des centaines de millions d'années et se sont transformés. C'est un peu comme le charbon qui, lui, provient de plantes terrestres décomposées.

Comment on trouve du pétrole au fond de la mer ?

➤ On a découvert des poches de pétrole dans le sous-sol de la mer. Pour le récupérer, on construit une plate-forme pétrolière avec d'immenses pieds posés sur le fond et on creuse un trou dans le sol de la mer, c'est le forage. Puis on pompe le pétrole.

C'est vrai qu'il y a du gaz dans la nature ?

➤ Il y a plein de sortes de gaz dans la nature. L'air qu'on respire est un gaz ! Et pour faire marcher une cuisinière ou une chaudière, on utilise aussi un gaz qu'on trouve sous la terre, souvent aux mêmes endroits que le pétrole. Pour récupérer ce gaz naturel, on fait des forages.

Comment ça marche un barrage ?

➡ Le barrage est comme un grand mur qui empêche l'eau de couler. Mais on peut laisser de l'eau s'échapper. La force de l'eau fait tourner des turbines dans une centrale hydroélectrique : cela produit de l'énergie qu'on transforme en électricité.

Comment ça marche les éoliennes ?

➡ Autrefois, on fabriquait la farine dans des moulins à vent. Le vent poussait les grandes ailes du moulin qui faisaient tourner une roue pour moudre la farine. Aujourd'hui, on utilise la force du vent, qui fait tourner les pales des éoliennes, pour faire de l'électricité.

! C'est vrai !
Dans les pays où il fait souvent beau, on utilise l'énergie du Soleil pour chauffer l'eau et produire de l'électricité. Pour récupérer l'énergie solaire, on utilise des panneaux qu'on pose sur les toits des maisons : les capteurs solaires.

COMMENT C'EST LA TERRE ?

COMMENT C'EST LA TERRE ?

Les climats et la météo

Comment on peut prévoir le temps qu'il va faire ?

➡ Des appareils de mesure au sol et des satellites dans le ciel permettent aux météorologues de connaître les déplacements des couches d'air chaud ou froid et des nuages. Ils peuvent prévoir les passages des nuages et les températures qu'il va faire.

D'où viennent les arcs-en-ciel ?

➡ Pour voir un arc-en-ciel il faut de la pluie et du soleil en même temps. Les rayons du soleil se réfléchissent sur les gouttes de pluie et les couleurs apparaissent : rouge, orange, jaune, vert, bleu, violet.

D'où viennent les nuages ?

➡ Sous l'effet du Soleil, l'eau des mers, des rivières et des plantes s'évapore. Cette vapeur d'eau monte dans le ciel et forme les nuages.

Quand la température baisse, la vapeur d'eau des nuages retombe en pluie. S'il fait vraiment froid, elle se transforme en cristaux de neige qui tombent en flocons.

Comment on sait que l'orage se rapproche ?

➤ Quand il y a de l'orage, on voit des éclairs et on entend le tonnerre. Quand le tonnerre gronde en même temps que l'éclair, c'est que l'orage est tout près. Quand l'orage s'éloigne, on entend le tonnerre longtemps après l'éclair.

C'est comment un vent de force 6 ?

➤ L'amiral Francis Beaufort a inventé une échelle pour classer la force des vents : un vent de force 6 sur l'échelle de Beaufort est appelée « vent frais », il souffle à 25 km/h environ.
Un vent de force 12, c'est un « ouragan », à plus de 120 km/h !

C'est vrai !
L'atmosphère qui entoure la Terre se réchauffe petit à petit. Cela peut rendre plus fréquentes les tempêtes, les sécheresses ou les inondations.
Les voitures et les usines favorisent ce réchauffement climatique, en recrachant des gaz dans l'atmosphère.

COMMENT C'EST LA TERRE ?

COMMENT C'EST LA TERRE ?

Tant de pays, tant de façons de vivre

Combien il y a de pays dans le monde ?

➤➤ Il y a environ 190 pays dans le monde. On écrit « environ » parce que le nombre exact change : des régions deviennent indépendantes des pays auxquels elles appartenaient et forment de nouveaux pays.

Qui décide où sont les frontières d'un pays ?

➤➤ Les frontières sont décidées par les hommes, mais elles correspondent souvent à des limites naturelles : un fleuve, une mer ou des montagnes. La France, par exemple, est séparée de l'Espagne par les Pyrénées, une chaîne de montagnes, et de l'Angleterre par une mer, la Manche.

Pourquoi on n'est pas tous pareils ?

➼ D'abord parce qu'on ne vit pas tous au même endroit : par exemple, dans les régions chaudes de la Terre, les gens ont une peau foncée qui les protège du soleil ; mais aussi parce qu'on n'a pas les mêmes parents et que deux parents ne font jamais les mêmes enfants (sauf les jumeaux). Et puis on n'a pas la même vie, ni les mêmes habitudes : ça nous rend différents.

Est-ce que chaque pays a sa langue ?

➼ On parle aujourd'hui plus de 3 000 langues différentes dans le monde : il y a donc beaucoup plus de langues que de pays ! Certains pays comme l'Espagne, l'Inde ou même la Belgique et la Suisse, ont plusieurs langues, et certaines langues, comme l'anglais ou l'espagnol, sont parlées dans plusieurs pays.

Est-ce qu'il y a autant d'écritures ?

➼ Il y a beaucoup moins d'écritures que de langues. En général, il n'y a qu'une seule écriture dans un pays. Mais un alphabet peut être utilisé pour plusieurs langues. Le nôtre sert à écrire le français, l'anglais, l'italien et plusieurs autres langues.

Bonjour	(français)
Buenos días	(espagnol)
Buongiorno	(italien)
Καλημέρα	(grec)
صباح الخير	(arabe)
你早	(chinois)
नमस्ते	(hindi)
God Dag	(suédois)
Bom dia	(portugais)
Доброе утро	(russe)

C'est vrai !
Depuis la préhistoire, les êtres humains se déplacent d'une région à l'autre et les populations se mélangent. Aujourd'hui, de nombreuses personnes s'installent dans un autre pays pour y vivre. Souvent, elles quittent leur pays pour trouver un travail ou pour fuir la guerre.

COMMENT C'EST LA TERRE ?

Comment on vit ailleurs ?

Est-ce qu'on vit partout dans des maisons ?

Oui, mais les maisons traditionnelles ne se ressemblent pas toujours.
Au Japon, elles sont légères pour résister aux tremblements de terre.
En montagne les chalets sont souvent en bois.
Les cases africaines sont en paille et en terre.
Les immeubles des grandes villes du monde, eux, sont partout pareils, en béton !

Est-ce que tous les enfants du monde vont à l'école ?

Un enfant sur trois dans le monde n'a pas la chance d'aller à l'école ! En France, l'éducation est gratuite et obligatoire.
Dans les pays pauvres, il n'y a pas assez d'argent pour envoyer tous les enfants à l'école. Et beaucoup d'enfants sont obligés de travailler pour aider leurs parents.

Est-ce qu'il y a des pays où on n'a pas la télé?

➡ En Europe, presque toutes les familles ont la télévision. Il y a aussi des magnétoscopes, des lecteurs de DVD et des consoles de jeux! Mais, dans beaucoup de pays, la télévision est encore un luxe, les familles se rassemblent pour la regarder…

Comment on arrive à vivre dans le désert?

➡ Les nomades du désert du Sahara transportent leurs tentes avec eux. Ils voyagent à dos de dromadaire, un animal qui peut rester neuf jours sans boire! Les nomades s'arrêtent dans les oasis, des points d'eau, pour se ravitailler.

… et aux pôles?

➡ Autrefois les Esquimaux du pôle Nord se fabriquaient des igloos avec des blocs de glace. Aujourd'hui, ils vivent dans des villages, dans des petites maisons en bois. Au pôle Sud, il n'y a pas d'habitants. Les chercheurs qui y travaillent quelques mois sont ravitaillés par bateau.

C'est vrai!
La France et 185 autres pays du monde ont signé la Convention des Droits de l'enfant. Ce sont des lois qui protègent les enfants. Elles disent que tous les enfants du monde doivent aller à l'école jouer et se reposer librement, au lieu de travailler à l'usine ou dans les champs.

COMMENT C'EST LA TERRE?

COMMENT C'EST LA TERRE ?

Autour du monde

Est-ce que tous les enfants du monde fêtent Noël ?

➤ À l'origine, Noël est une grande fête de la religion chrétienne, la religion la plus répandue dans le monde. Le jour de Noël célèbre la naissance de Jésus-Christ. Ce n'est pas un jour de fête pour les autres religions, mais beaucoup de gens fêtent Noël à cause des cadeaux et des chocolats !

Comment on choisit sa religion ?

➤ Même si dans les pays comme le nôtre on est libre de choisir la religion qu'on veut ou de ne pas avoir de religion du tout, les enfants suivent généralement la même religion que leurs parents. La religion donne des croyances et des règles pour vivre. Suivant les régions du monde, on n'a pas les mêmes croyances, les mêmes façons de voir, on ne pratique pas les mêmes religions.

C'est quoi la culture ?

➡ La culture, c'est la manière de vivre d'un groupe d'hommes : ses connaissances, ses arts, ses fêtes, sa cuisine, ses goûts, ses croyances… Elle se transmet par les parents et l'école, mais aussi dans la rue et la cour de récré : les goûts pour les vêtements et la musique sont souvent différents entre parents et enfants.

Est-ce qu'un jour on vivra tous pareil ?

➡ Même en Europe où beaucoup de choses se ressemblent et où on a les mêmes euros, on n'a pas les mêmes habitudes d'un pays à l'autre. On parle des langues différentes, on ne fait pas la même cuisine. On ne vivra sûrement jamais tout à fait pareil !

C'est vrai !
Les esclaves étaient des hommes, des femmes ou des enfants qu'on vendait comme des objets. Ils appartenaient à leur maître et n'étaient pas payés pour leur travail. Aujourd'hui, l'esclavage est interdit, mais malheureusement il existe toujours dans certains pays.

COMMENT C'EST LA TERRE ?

Comment les castors construisent leurs barrages ?

Comment on fait pour dresser les dauphins ?

Combien y a-t-il d'animaux sur la Terre ?

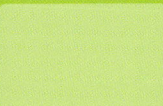

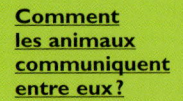

Comment les animaux communiquent entre eux ?

Comment naissent les plantes ?

Comment dorment les animaux ?

Comment naissent les bébés crocodiles ?

Comment vivent les animaux et les plantes ?

COMMENT VIVENT LES ANIMAUX ?
Les différentes espèces

Combien y a-t-il d'animaux sur la Terre ?

➤ Les insectes sont de très loin les plus nombreux : il y en aurait plus d'un million d'espèces.

➤ Il y aurait 45 000 espèces de mollusques, presque tous protégés par une coquille.

➤ On connaît 25 000 espèces de poissons d'eau de mer ou d'eau douce, y compris des poissons volants ou les anguilles, qui ressemblent à des serpents.

➤ Environ 9 000 espèces d'oiseaux vivent sur notre planète. Ils ont des plumes et pondent des œufs.

➤ Les reptiles et les amphibiens regrouperaient ensemble un peu plus de 7 000 espèces d'animaux : crocodiles, serpents et lézards, grenouilles, crapauds et tritons…

➤ Il existe un peu plus de 5 000 espèces de crustacés, comme le crabe, dont le corps est recouvert d'une carapace rigide, ou la crevette, qui a une carapace articulée.

➤ Les mammifères sont les animaux les moins nombreux, ils ne seraient que 4 500 ! À l'exception des baleines et des dauphins, ils ont tous le corps recouvert de poils.

À quoi on reconnaît un mammifère ?

➡ La femelle mammifère a des mamelles qui lui servent à nourrir ses petits avec son lait. C'est le cas du chien, du chat et de très nombreux autres animaux qui vivent sur la terre ferme.

➡ Mais c'est aussi le cas, et c'est bien plus curieux, de l'ornithorynque qui vit en Australie et qui est l'un des rares mammifères à pondre des œufs et à les couver.

➡ La baleine bleue est le plus gros mammifère du monde et elle vit dans la mer ! Il faut dire que c'est plus facile de se déplacer dans l'eau quand on mesure 30 mètres de long !

➡ La chauve-souris est aussi un mammifère, le seul vraiment capable de voler d'ailleurs ! Son corps est couvert de poils et c'est la peau tendue entre ses longs doigts et son corps qui lui sert d'ailes.

C'est vrai !
Les serpents comme les poissons sont des animaux à sang froid : la température de leur corps varie avec celle de leur environnement. Si un serpent nous paraît froid au toucher, c'est juste parce que nos mains sont plus chaudes.

COMMENT VIVENT LES ANIMAUX ?

COMMENT VIVENT LES ANIMAUX ?

Dans la nature

Est-ce que les animaux communiquent entre eux ?

➥ Les animaux ne parlent pas, mais ils se comprennent grâce aux cris, aux gestes, aux couleurs ou aux odeurs : certains menacent en montrant les dents, comme les chiens qui grognent.

D'autres, comme le paon, font les beaux pour attirer les femelles (ou les femelles pour attirer les mâles), et beaucoup marquent leur territoire avec leur urine !

Comment font les animaux pour ne pas se perdre ?

➡ Ils se servent de tous leurs sens, et pas seulement de leurs yeux. Le chien renifle le sol jusqu'à ce qu'il retrouve l'odeur de son maître. La taupe, qui a très mauvaise vue, se sert de ses moustaches pour avoir des informations sur ce qui se passe devant elle. L'abeille se repère à la lumière du soleil : elle est capable de revenir à sa ruche, même éloignée de plusieurs kilomètres.

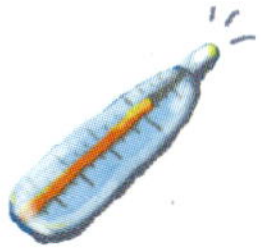

Comment font les animaux quand ils sont malades ?

➡ Quand ils sont malades, les animaux ne font généralement qu'attendre que ça passe ! Ils peuvent lécher leurs plaies, mais ne comptent pas sur l'aide des autres animaux. Seuls les loups, certains singes, les dauphins et les éléphants peuvent s'entraider, mais ils ne sont pas capables de se soigner.

C'est vrai !

Si on coupe un ver de terre en deux parties, la plus grande peut reformer un ver entier, mais la plus petite meurt, après avoir continué quelque temps à bouger. Ça n'a rien de magique ! Tant qu'il reste de l'oxygène dans le sang, les nerfs et les muscles peuvent continuer à faire leur travail.

COMMENT VIVENT LES ANIMAUX ?

COMMENT VIVENT LES ANIMAUX ?

Les petits

Comment un têtard peut se transformer en grenouille ?

➥ Une femelle grenouille pond des grappes d'œufs dans l'eau. De ses œufs vont sortir des têtards sans pattes mais pourvus d'une longue queue, et qui peuvent respirer dans l'eau, comme les poissons, grâce à leurs branchies. Peu à peu, les têtards vont se transformer : des pattes arrière apparaissent, puis des pattes avant. Leur queue, de plus en plus courte, finit par disparaître, leurs poumons se forment, leurs branchies se ferment : ils sont devenus de petites grenouilles qui peuvent enfin respirer de l'air et sortir de l'eau !

Comment naissent les bébés crocodiles ?

➥ Après avoir enterré ses œufs dans un nid creusé dans du sable, la femelle crocodile monte férocement la garde jusqu'à leur éclosion. Trois mois plus tard, dès qu'ils sortent de leurs coquilles, les bébés crocodiles poussent de petits cris, ce qui prévient leur mère qu'il faut les déterrer ! Ils sont tout petits et très vulnérables : leur maman va les prendre délicatement dans son énorme gueule pour les emmener faire trempette dans la rivière.

Est-ce que les kangourous sont les seuls à avoir une poche ?

� Non, chez tous les marsupiaux, comme par exemple les koalas, les femelles ont une poche. Après avoir attendu son bébé pendant un seul mois, la femelle marsupial met au monde un bébé minuscule et pas fini. Il va passer encore six mois dans la poche de sa maman, buvant le lait de ses mamelles, pour être terminé.

Comment font les mamans animaux pour tout apprendre à leurs petits ?

➡ Montrer à ses petits comment éviter les dangers, chasser ou être propre, est courant chez beaucoup de mammifères. Les petits imitent leur maman et celle-ci peut aussi leur faire comprendre certaines choses à coups de pattes ou en grognant !

C'est vrai !
Contrairement aux autres singes, le nouveau-né gorille ne sait pas s'agripper aux poils de sa mère. La maman gorille doit le porter dans ses bras, en le serrant contre sa poitrine, comme une mère fait avec son bébé !

COMMENT VIVENT LES ANIMAUX ?

COMMENT VIVENT LES ANIMAUX ?

La nuit et l'hiver

Comment dorment les animaux ?

➤ Comme nous, les animaux ont besoin de repos. Mais tous les animaux ne dorment pas comme nous, c'est-à-dire la nuit, couchés et les yeux fermés !

➤ Le chat dort 16 h par jour, c'est vraiment un gros dormeur !

➤ L'éléphant dort très peu. Il passe 16 heures par jour à brouter !

➤ La nuit, beaucoup d'oiseaux dorment vraiment : ils arrêtent de chanter et rêvent.

➤ La chouette et le hibou, eux, dorment toute la journée et, la nuit, ils s'envolent pour chasser !

➤ Le cheval et la vache dorment le plus souvent debout. Mais il leur arrive aussi de se coucher.

➤ La chauve-souris dort la tête en bas, pendant la journée.

C'est vrai !
La girafe a appris à dormir le plus souvent debout. Elle sait que couchée, elle est une proie idéale pour un lion ! Et puis, pour se remettre sur ses pattes, cela lui demande beaucoup d'efforts et de temps.

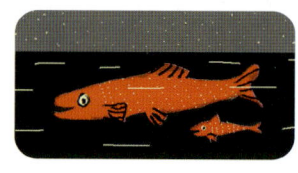

➤ Les poissons ne dorment pas vraiment, ils se reposent… les yeux toujours ouverts !

➤ L'albatros qui doit parcourir de très grandes distances dort en volant !

➤ Le phoque dort en nageant mais, comme le dauphin, il ne dort qu'à moitié, pour ne pas boire la tasse !

COMMENT VIVENT LES ANIMAUX ?

Comment font les animaux pour hiberner ?

➤ L'ours, la marmotte, l'écureuil ou la chauve-souris hibernent, leur corps se met au ralenti. C'est comme un sommeil, mais il se passe de drôles de choses : la digestion s'arrête, la température du corps baisse beaucoup, le cœur bat très lentement.

➤ Avant d'hiberner, les animaux se goinfrent de nourriture pour faire des réserves de graisse. Puis ils se calfeutrent dans leur tanière, leur terrier ou leur abri.

➤ Protégés du froid, ils vivent ainsi plusieurs mois sans manger, leur corps puisant dans leurs réserves de graisse : ils sont aussi bien là, car dehors il n'y a plus grand-chose à se mettre sous la dent !

➤ Au printemps, quand ils ressortent, ils ont beaucoup maigri, mais ils sont bien vivants !

C'est vrai !
La marmotte des Alpes est l'animal qui hiberne le plus longtemps. Elle peut rester pendant sept à huit mois sans manger et presque sans sortir de son terrier. Elle se lève juste de temps en temps pour faire pipi.

COMMENT VIVENT LES ANIMAUX ?

COMMENT VIVENT LES ANIMAUX ?

À la campagne

Comment les castors construisent leurs barrages ?

➡ Ils se servent beaucoup de leurs grandes dents très coupantes ! Ils abattent des arbres en les rongeant, puis ils les traînent jusqu'à la rivière, en s'y mettant à plusieurs quand c'est trop lourd.

➡ Ensuite, ils coupent les troncs et les branches, qu'ils empilent et emmêlent. Ils bouchent les trous avec des cailloux et de la boue et ferment les passages, pour bien isoler leurs huttes qu'ils construisent derrière le barrage.

➡ En Amérique, les barrages des castors peuvent faire plus de 100 m de long et les huttes 2 m de haut ! Mais les castors d'Europe se contentent souvent de vivre dans de simples terriers, creusés sur les bords de la rivière.

Comment font les vaches pour fabriquer des laits différents ?

➥ Les vaches laitières ne produisent qu'une sorte de lait : le lait cru. Il sera transformé par les hommes dans une usine appelée laiterie pour devenir un lait frais pasteurisé entier ou demi-écrémé, ou un lait longue conservation.

Comment un escargot peut avancer sans pattes ?

➥ L'escargot n'a pas de pattes, mais un large pied, très musclé et bien baveux en-dessous, qui ondule pour lui permettre de ramper : c'est comme cela qu'il avance ! Plus le sol est lisse, plus c'est facile.

Comment font les abeilles pour transformer les fleurs en miel ?

➥ Les abeilles butineuses aspirent le nectar des fleurs avec leur petite trompe. À la ruche, elles le recrachent et le nectar passe d'abeille en abeille : il s'épaissit et se modifie avant d'être déposé dans une alvéole de cire. La chaleur de la ruche finira de le transformer en miel !

C'est vrai !
Le hérisson est un excellent nageur. Pourtant, il n'a pas les pattes palmées, et il a sur le dos près de 5 000 piquants ! Il lui arrive d'attraper un gros bâton pour s'en servir de radeau et se laisser dériver sur l'eau…

COMMENT VIVENT LES ANIMAUX ?

COMMENT VIVENT LES ANIMAUX ?

Les oiseaux

Comment fait un oiseau pour voler ?

➡ En battant des ailes : il chasse l'air d'avant en arrière, un peu comme on fait avec une rame dans l'eau, mais beaucoup plus vite. Ça s'appelle un « vol ramé ». Mais un oiseau peut aussi voler sans battre des ailes, en se laissant porter par les courants d'air, on dit qu'il fait un « vol plané ».

Comment font les oiseaux migrateurs pour retrouver leur chemin ?

➡ On ne sait pas encore très bien : certains se dirigent selon la lumière du soleil, d'autres grâce aux paysages ou même aux odeurs. D'autres encore, comme les pigeons, sentent aussi l'aimantation naturelle de la Terre et ça les aide à s'orienter !

Est-ce que le chant des oiseaux veut dire quelque chose ?

➡ Oui ! Il n'y a pas vraiment de mots, comme dans nos phrases, mais le chant peut avoir différentes significations. Un mâle peut chanter pour attirer une femelle ou avertir les autres oiseaux que là où il est, c'est son territoire.

Comment font les oiseaux pour construire leurs nids ?

➤ Ils font cela sans l'avoir appris, par instinct, chacun à sa manière : l'hirondelle avec de la terre, le merle et la grive avec des brindilles et de l'herbe sèche.

➤ L'hirondelle fabrique le sien avec de la terre sèche. Pour qu'il soit confortable, elle rajoute au fond un matelas de plume et de mousse.

➤ Le merle et la grive fabriquent le leur en forme de coupelle, avec des brindilles, de la paille et de l'herbe sèche.

➤ Le mâle tisserin bâtit le sien pour accueillir une femelle, en plaçant l'ouverture vers le bas, pour que les rapaces n'y entrent pas !

➤ Avec son bec, le pivert creuse patiemment un trou dans un tronc pour s'y faufiler et y pondre ses œufs.

➤ La chouette se contente d'aménager un trou dans le tronc d'un arbre mort ou dans un clocher abandonné.

➤ Le coucou, lui, il ne se fatigue pas ! Il préfère aller pondre dans le nid déjà fabriqué d'un autre oiseau, même s'il est plus petit que lui.

C'est vrai !
Pour sortir de sa coquille, le bébé oiseau la casse, grâce à une petite bosse dure sur son bec, appelée « diamant » ou « dent de l'œuf » (mais les oiseaux n'ont pas de vraies dents !). Ensuite, ce diamant tombe : il ne sert plus à rien !

COMMENT VIVENT LES ANIMAUX ?

COMMENT VIVENT LES ANIMAUX ?

Dans l'eau

Comment naissent les bébés poissons ?

➼ La plupart des femelles poissons pondent des milliers d'œufs dans l'eau, que les mâles vont féconder en répandant dessus un petit liquide blanchâtre. Au bout de quelques semaines de tout petits poissons sortent des œufs qui n'ont pas été mangés. On les appelle des « alevins ». Très peu réussiront à devenir adultes.

Comment on fait pour dresser les dauphins ?

➼ Les dauphins sont des animaux joueurs et intelligents, qui aiment bien la compagnie des hommes. En captivité, ils apprennent vite que, pour recevoir de bons poissons, il faut faire certains tours et pirouettes !

94

Comment font les poissons volants pour voler ?

➥ Les poissons volants ne volent pas vraiment, ils planent plutôt. Pour échapper aux thons qui les poursuivent dans l'eau, ils nagent très vite, ouvrent leurs nageoires en grand en remuant la queue à toute vitesse, et hop !

Comment on peut entendre la mer dans un coquillage ?

➥ On n'entend pas la mer, on croit l'entendre ! Ce bruit, c'est celui du sang qui circule dans notre corps et résonne dans la coquille. Si on met sa main en creux et qu'on la colle contre son oreille, on entend un peu pareil !

C'est vrai !
C'est vrai que certains requins, comme le requin blanc et le requin-tigre, peuvent nous dévorer, mais les plus grands, comme le requin-baleine et le requin-pèlerin, n'avalent que de toutes petites proies. La moitié des requins du monde ne font même pas un mètre de long et doivent se contenter de poissons : nous sommes plus gros qu'eux !

COMMENT VIVENT LES ANIMAUX ?

COMMENT VIVENT LES ANIMAUX ?

L'araignée et le papillon

Comment l'araignée tisse sa toile ?

➦ Les araignées possèdent une glande spéciale dans le ventre, qui fabrique le fil avec lequel elles peuvent construire leurs toiles ou tout simplement se déplacer comme des acrobates.

➦ L'araignée commence par se suspendre à un premier fil. Ensuite, elle fixe des fils sur des branches ou un mur, en dessinant comme les rayons d'une roue de vélo. Puis, à partir du centre, elle tisse d'autres fils, en cercles de plus en plus grands. Quand son piège est parfait, il ne lui reste plus qu'à attendre sa proie…

C'est vrai !
Certains des fils sont collants, d'autres pas. En tissant sa toile l'araignée prend soin de ne pas marcher sur ceux qui sont collants. Mais si elle en touche un, elle ne craint rien : elle est protégée par une pellicule de graisse qui recouvre son corps.

➦ Quand une mouche se prend dans la toile, elle cherche à s'en dégager, mais plus elle se débat, plus elle s'emmêle dans les fils ! Toute cette agitation fait vibrer la toile, prévenant l'araignée qui se précipite sur sa proie, lui injecte son venin et la ligote, pour mieux la dévorer !

COMMENT VIVENT LES ANIMAUX ?

Comment la chenille se change en papillon ?

➔ L'histoire d'un papillon commence par un œuf déposé sur une plante par une femelle papillon.

➔ L'œuf éclot et une petite larve montre le bout de son nez. C'est une chenille. Cette chenille ne pense qu'à une chose : se nourrir pour grossir ! Elle grossit tellement qu'elle doit changer plusieurs fois de peau.

➔ Quand elle est assez grosse, la chenille se suspend à une branche et elle s'entoure d'un solide fil de soie qu'elle a fabriqué. Cela fait comme une coquille protectrice : un cocon. Elle est devenue une chrysalide.

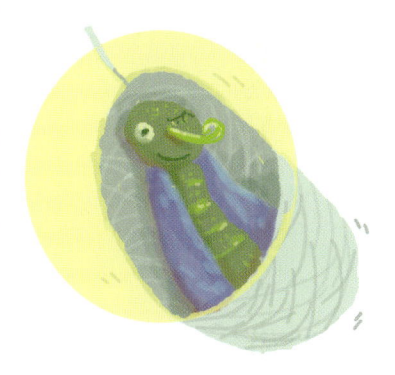

➔ À l'intérieur de son cocon, la chrysalide se transforme en papillon : son corps devient tout fin, six pattes apparaissent, deux paires d'ailes se forment, mais aussi de nouveaux yeux, des antennes… c'est la métamorphose.

➔ Quand la métamorphose est terminée, le papillon déchire son cocon et il en sort avec précaution. Il déplie délicatement ses ailes humides pour les faire sécher, puis prend son envol, en abandonnant son cocon.

C'est vrai !
Les chenilles sont très voraces : après leur naissance, il arrive qu'elles commencent par manger les restes des œufs ! Puis elles s'attaquent à tout ce qui est mangeable autour d'elles. Certaines peuvent grignoter un bout de tissu qu'elles prennent pour une feuille !

COMMENT VIVENT LES ANIMAUX ?

COMMENT VIVENT LES ANIMAUX ?

Les animaux d'ailleurs

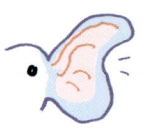

C'est pour mieux entendre, que l'éléphant d'Afrique a de si grandes oreilles ?

➥ Tout est grand chez l'éléphant : son corps, sa trompe, ses défenses et ses oreilles ! Il agite les oreilles d'avant en arrière, comme des éventails, pour se rafraîchir et pour éloigner les insectes. Il les écarte pour montrer qu'il est en colère. Et il entend très bien.

C'est vrai que les lamas crachent à la figure des gens ?

➥ Les lamas, qui sont les cousins des chameaux, vivent en Amérique du Sud : ils rendent de grands services car ils portent de lourds fardeaux sur des kilomètres. Mais leur humeur change souvent, alors, quand ils sont mécontents, ils crachent !

Comment fait la girafe pour boire, avec son cou si long ?

➥ Pour manger les feuilles des grands arbres, un long cou c'est pratique.

Mais pour boire l'eau des mares, la girafe est obligée de beaucoup écarter ses pattes avant : dans cette drôle de posture déséquilibrée, elle doit boire vite pour éviter de se faire attaquer.

Comment fait l'ours polaire pour trouver à manger, sur la glace ?

➽ Il se poste sans bouger près d'un trou dans la glace de la banquise : c'est par là que les phoques remontent pour respirer. Dès qu'un phoque sort la tête de l'eau, hop ! il l'assomme d'un grand coup de patte et le tire sur la glace.

Est-ce qu'un alligator, c'est pareil qu'un crocodile ?

➽ L'alligator et le crocodile se ressemblent, mais ils ne vivent ni au même endroit, ni de la même façon. Si on les compare, on remarque qu'on ne voit pas les dents d'un alligator quand sa mâchoire est fermée, alors que, chez le crocodile, on les voit.

C'est vrai !
Il n'y a pas d'eau dans les deux bosses d'un chameau, ni dans celle, unique, du dromadaire. C'est de la graisse qu'ils ont accumulée en mangeant beaucoup avant de partir. Quand ils marchent dans le désert, la graisse fond petit à petit, pour leur donner de l'énergie.

COMMENT VIVENT LES ANIMAUX ?

Des bêtes pas si bêtes

Comment fait la sauterelle pour chanter ?

➽ Dans la famille sauterelle, il n'y a que le mâle qui chante. Il chante pour attirer les femelles, en frottant ses pattes contre ses ailes avant ! Mais en cas de danger, il sait rester silencieux pour ne pas se faire remarquer et avoir la vie sauve.

Comment font les mouches pour marcher au plafond ?

➽ Sur une patte de mouche vue au microscope, on distingue des griffes et des ventouses minuscules. Les griffes l'aident à s'agripper au plafond, les ventouses à ne pas glisser sur des surfaces lisses, comme des vitres.

Comment fait l'écureuil pour manger des noisettes sans casse-noix ?

➽ Il tourne la noisette à toute vitesse avec ses petites pattes avant jusqu'à ce qu'il trouve un endroit où la coquille est moins dure. Alors, il y plante ses dents et décortique sa noisette.

Comment fait un serpent pour muer ?

➤ Quand un serpent grandit, sa peau finit par devenir trop petite : il doit changer de peau, c'est la mue. Sa peau se fissure et elle s'écarte : le serpent en sort avec sa nouvelle peau qui s'est formée dessous !

Est-ce que les mollusques naissent avec leur coquille ?

➤ À la naissance, le mollusque n'a pas de coquille. Il va la fabriquer avec sa peau, en transformant le calcaire contenu dans l'eau et dans le sol. Plus le mollusque grandit, plus sa coquille grandit !

➤ Certaines coquilles, comme celles de l'escargot ou de la patelle, sont en une seule partie.

➤ D'autres, comme celle de la coquille Saint-Jacques ou de la moule, sont en deux parties articulées.

C'est vrai !

En une heure et demie, une taupe de moins de 80 grammes peut déplacer 8 kilos de terre en creusant sa taupinière avec ses puissantes griffes ! Il faut dire qu'elle ne fait que cela : creuser des galeries souterraines pour manger les vers et les larves qu'elle trouvera en cours de route.

COMMENT VIVENT LES ANIMAUX ?

COMMENT VIVENT LES PLANTES

Comment ça pousse ?

Comment naissent les plantes ?

➤ Beaucoup de plantes naissent à partir de graines dans la terre. Il suffit qu'un jour une graine rentre en contact avec le sol, que la terre soit suffisamment humide, que la température lui convienne, pour que cette graine se mette à germer.

➤ Quand une graine germe, l'enveloppe qui l'entoure se déchire : une petite tige et une petite racine apparaissent de part et d'autre. Jour après jour, si la terre n'est pas sèche, la racine va se développer. En même temps, la tige va grandir pour trouver son chemin vers la lumière.

➤ Un beau matin, une toute petite tige sort de terre. La plante va désormais grandir au soleil et à l'air libre.

D'où viennent les graines ?

➤ Les graines sont produites par les plantes, même celles qu'on achète en sachet dans les jardineries ! Les fleurs, les fruits contiennent des graines : les pépins des pommes, par exemple, sont des graines de pommier ! Dans la nature, c'est le vent, les ruisseaux, les animaux qui transportent les graines jusqu'à leur destination dans le sol.

102

Comment font les plantes pour se nourrir ?

➜ Les plantes se nourrissent par leurs racines qui pompent dans la terre l'eau et les divers éléments dont elles ont besoin. Elles se nourrissent aussi par leurs feuilles, tapissées de minuscules petits trous, qui leur permettent de prendre l'oxygène de l'air.

Comment les plantes guérissent des maladies ?

➜ Autrefois, quand les médicaments n'existaient pas, on soignait les malades avec certaines plantes bien précises. Aujourd'hui, on ne donne plus aux malades des boissons à base de ces plantes, mais des gélules ou des sirops fabriqués à partir des substances contenues dans les plantes.

C'est vrai !
On sait qu'il y avait déjà des plantes sur la Terre il y a des centaines de millions d'années, bien avant les premiers animaux, bien avant les dinosaures. C'est dans la mer que les toutes premières plantes sont apparues : elles ressemblaient à de minuscules petites algues.

COMMENT VIVENT LES PLANTES

COMMENT VIVENT LES PLANTES

Les arbres d'ici et d'ailleurs

Combien de temps vivent les arbres ?

➤ C'est très variable. En France, les plus vieux ont près de 1000 ans. Les ginkgos de Chine peuvent vivre plus longtemps encore. Parmi les champions du monde de la longévité, il y a les séquoias des États-Unis : certains auraient plus de 5000 ans ! Il y a aussi des baobabs, des pins et des cèdres de plus de 4000 ans.

Comment ça arrive les incendies de forêts ?

➤ Une forêt qui brûle, c'est une catastrophe. Mais il est très difficile de savoir comment le feu a pris. À cause du Soleil qui a enflammé des brindilles en passant à travers un morceau de verre cassé ? D'un mégot de cigarette mal éteint ? De la foudre ? Volontairement par une main criminelle ? Le plus souvent, c'est par imprudence.

Jusqu'où les arbres peuvent-ils pousser ?

➤ Tout dépend de leur espèce et de la place qu'ils ont pour pousser. Certains arbres poussent lentement, d'autres, comme les sapins, se mettent tout à coup à grandir très vite, dès qu'ils ont quatre ou cinq ans.

Les vieux séquoias d'Amérique sont les plus grands : l'un d'entre eux atteint 112 m de haut. Et en Australie, il existe des eucalyptus qui mesurent 150 m de haut, c'est-à-dire presque la moitié de la tour Eiffel.

À quoi ça sert, les arbres ?

➤ Les arbres sont très précieux pour les hommes. Ils ne servent pas seulement à faire joli dans le paysage, même si à l'automne on ne peut s'empêcher de les admirer, avec leurs feuilles aux couleurs variées.

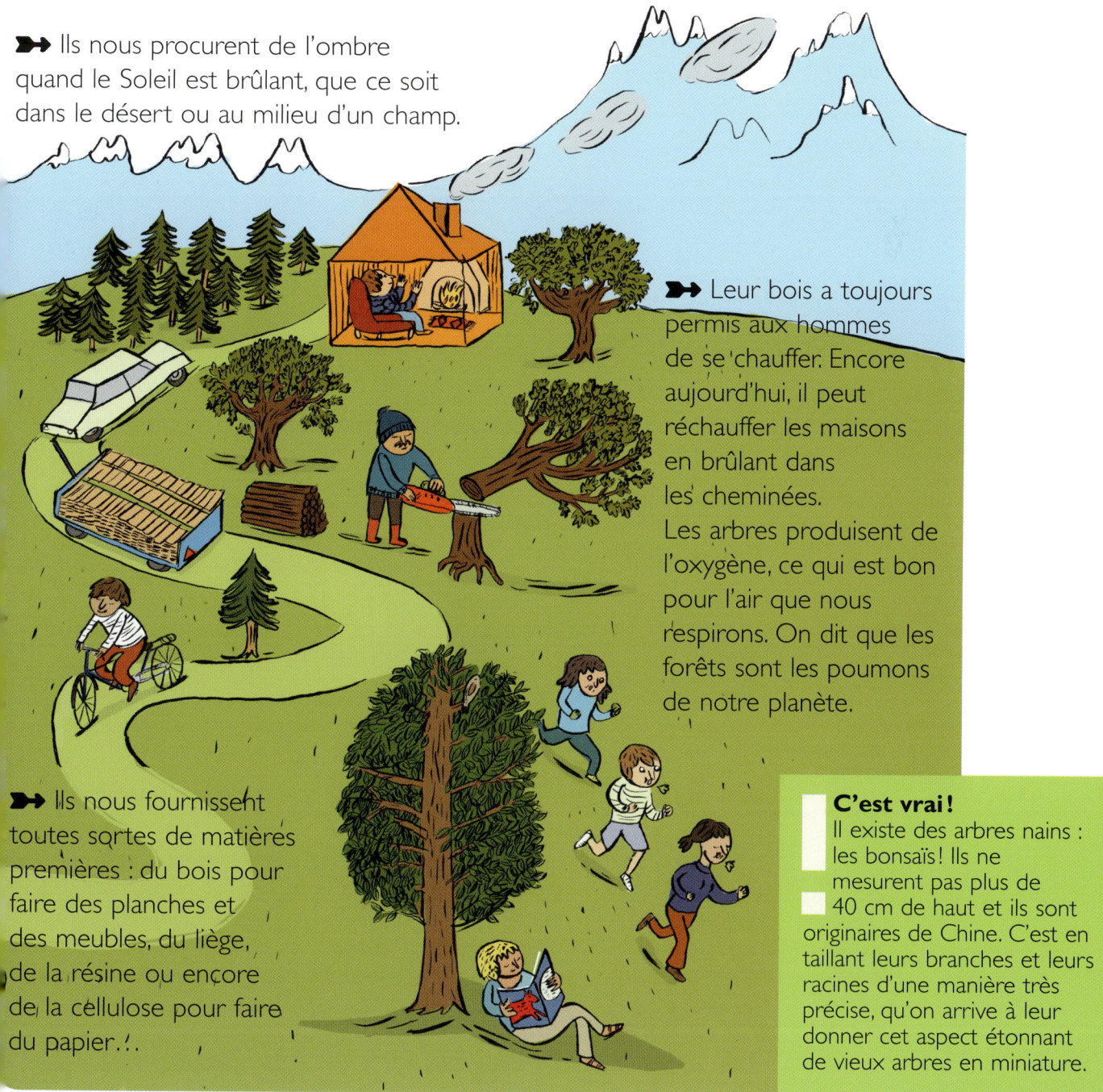

➤ Ils nous procurent de l'ombre quand le Soleil est brûlant, que ce soit dans le désert ou au milieu d'un champ.

➤ Leur bois a toujours permis aux hommes de se chauffer. Encore aujourd'hui, il peut réchauffer les maisons en brûlant dans les cheminées.
Les arbres produisent de l'oxygène, ce qui est bon pour l'air que nous respirons. On dit que les forêts sont les poumons de notre planète.

➤ Ils nous fournissent toutes sortes de matières premières : du bois pour faire des planches et des meubles, du liège, de la résine ou encore de la cellulose pour faire du papier...

C'est vrai !
Il existe des arbres nains : les bonsaïs ! Ils ne mesurent pas plus de 40 cm de haut et ils sont originaires de Chine. C'est en taillant leurs branches et leurs racines d'une manière très précise, qu'on arrive à leur donner cet aspect étonnant de vieux arbres en miniature.

COMMENT VIVENT LES PLANTES

**Comment
fait le garagiste
pour trouver
la panne ?**

**Comment
on fabrique
de l'huile ?**

**Comment
les feux rouges
passent au vert ?**

**Comment
font les trains
pour tenir
sur leurs rails ?**

**Comment
on peut
faire parler
les poupées ?**

**Comment
on fait
de la glace ?**

**Comment
on fait
les radios ?**

Comment c'est fait ?
Comment ça marche ?

COMMENT C'EST FAIT ?

Dans le placard

Comment on fait le sucre ?
➤ Deux plantes servent à faire du sucre : la betterave sucrière, qui pousse en Europe, et la canne à sucre, qui pousse dans les pays tropicaux. En les découpant et en les écrasant, on obtient un sirop sucré qu'on fait cuire jusqu'à ce qu'il forme des cristaux de sucre.

Comment est fabriquée la farine ?
➤ On fait de la farine avec le blé et d'autres céréales (seigle, sarrasin, maïs…). Dans une usine appelée minoterie, les grains sont broyés entre des cylindres et donnent une poudre fine, la farine. Avec le blé on fait aussi des grains de semoule. Il existe aussi de la farine de châtaignes, ou encore de pois chiches.

… et les pâtes ?
➤ Pour fabriquer les pâtes, on utilise surtout une espèce particulière de blé, le blé dur. On écrase les grains de blé pour obtenir une fine semoule, qui est pétrie avec de l'eau pour former une pâte. Cette pâte est aplatie puis découpée ou pressée sur une plaque percée de trous : de ces trous sortent des spaghettis, des macaronis…

D'où vient le chocolat ?

➦ On fabrique le chocolat avec les graines d'un arbre tropical : le cacaoyer. On récolte les fruits de l'arbre, les cabosses, qu'on ouvre pour en retirer les fèves. Les fèves de cacao sont cuites et broyées puis mélangées à du beurre de cacao et du sucre pour faire le chocolat à croquer… miam !

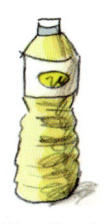

Comment on fabrique de l'huile ?

➦ On peut fabriquer de l'huile à partir des graines de plantes comme la cacahuète, le tournesol, le maïs ou le colza. On peut aussi faire de l'huile avec des fruits comme l'olive ou la noix. Pour obtenir l'huile, on écrase et on presse les graines ou la chair des fruits.

C'est vrai !
Le lait stérilisé qu'on trouve en briques a été chauffé pendant quelques secondes à 140 °C. On appelle cette méthode la stérilisation à ultra-haute température (UHT). Cette méthode tue les bactéries présentes dans le lait, il se conserve ainsi beaucoup plus longtemps que le lait frais.

COMMENT C'EST FAIT ?

COMMENT C'EST FAIT ?

Dans le réfrigérateur

Comment sont fabriqués les yaourts ?

On fabrique le plus souvent les yaourts avec du lait de vache, mais il existe aussi des yaourts au lait de brebis ou de chèvre. Le lait est d'abord pasteurisé : il est chauffé à 95 °C pendant quelques minutes. On ajoute ensuite des ferments lactiques qui transforment le lait liquide en yaourt.

… et le beurre ?

D'abord on écrème le lait, c'est-à-dire qu'on en retire la crème. La crème du lait est barattée : elle est battue régulièrement dans une sorte de tonneau jusqu'à ce qu'elle se transforme en beurre. Le beurre est ensuite lavé et moulé. Il est salé si on veut en faire du beurre demi-sel.

Comment on fait le jambon ?

C'est avec la viande de la cuisse du cochon qu'on fait du jambon. Pour faire du jambon blanc, on désosse la viande et on retire la peau. On ajoute ensuite du sel, on met la viande dans un moule et on la fait cuire.

On fait aussi du jambon cru, que l'on sale et que l'on sèche, en laissant la viande sur l'os.

D'où vient le poisson pané ?

Le poisson surgelé est fabriqué avec du vrai poisson. Ce sont souvent des morceaux de colin ou de cabillaud. Le poisson entier est préparé et découpé, on enlève toutes ses arêtes et on met la chair dans un moule carré. On recouvre le carré de poisson de miettes de pain sec, c'est la panure.

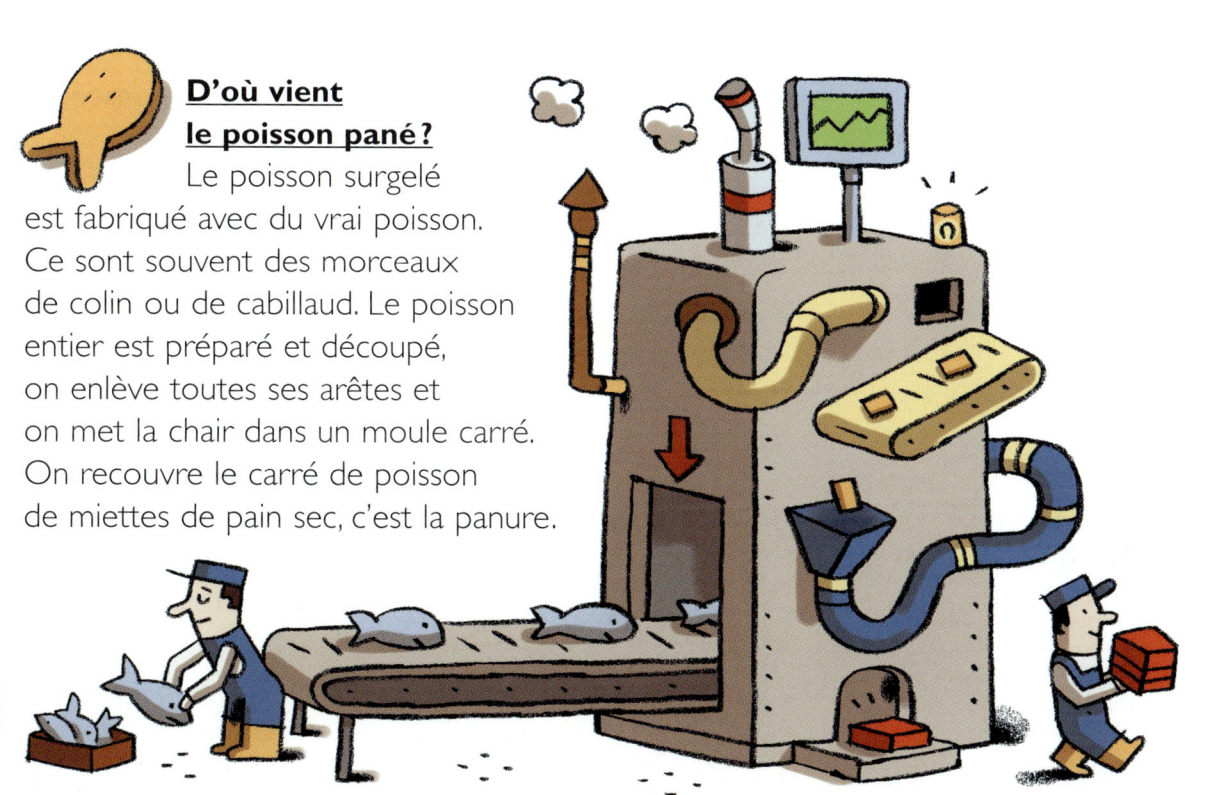

Comment on fait les glaces ?

Il existe deux sortes de glaces : les crèmes glacées et les sorbets. Les crèmes glacées sont fabriquées avec du lait, de la crème, du sucre et un parfum (vanille, chocolat, fraise, café…). Les sorbets sont fabriqués avec de l'eau, des fruits et du sucre. Tous ces ingrédients sont mélangés, puis congelés.

C'est vrai !

Grâce au congélateur, on peut conserver longtemps les aliments, à condition de respecter la chaîne du froid, c'est-à-dire sans jamais les laisser décongeler puis les recongeler. Ils arrivent au magasin dans des camions congélateurs. Attention à vite les ranger dans le congélateur de la maison !

COMMENT C'EST FAIT ?

COMMENT C'EST FAIT ?

Les habits

Comment on fait un pull en laine ?

➥ La laine à tricoter est fabriquée avec la toison du mouton. On tond les moutons une fois par an, au printemps. Leur laine est ensuite nettoyée, démêlée, peignée, étirée pour former des fils puis elle est mise en pelotes. Les pulls qu'on trouve dans les magasins sont tricotés par des machines.

… et un tee-shirt ?

➥ Beaucoup de vêtements sont fabriqués avec les poils blancs des graines d'une plante, le coton. Avec ces poils, on fait des fils qu'on teint de toutes les couleurs puis qu'on entrecroise sur des machines. Voilà le tissu ! On coupe le tissu et on coud les différents morceaux ensemble pour faire des tee-shirts.

En quoi sont faites les chaussures ?

➥ Autrefois, les gens portaient souvent des sabots en bois car les chaussures en cuir fabriquées à la main coûtaient cher. Aujourd'hui, le cuir ou le tissu des chaussures est cousu par des machines. Les chaussures de sport ont des parties en plastique. Les semelles souples sont en caoutchouc.

… et les bottes en caoutchouc ?

➥ Dans la nature, on trouve du caoutchouc dans la sève de certains arbres tropicaux, mais on fabrique aussi beaucoup de caoutchouc artificiel, avec du pétrole. On utilise le caoutchouc pour faire des bottes de pluie car il est imperméable.

Comment les chaussettes tiennent toutes seules ?

➥ Il y a longtemps, on faisait tenir les chaussettes en les accrochant avec des pinces. Aujourd'hui, on coud en haut des chaussettes une bande élastique qui serre un peu la jambe et fait tenir les chaussettes toutes seules. Mais quand l'élastique est usé, elles dégringolent en accordéon !

C'est vrai !
On arrive à fabriquer des tissus avec des petites billes de pétrole. Ce sont les tissus synthétiques comme le polyester ou l'élasthanne. On peut faire de la laine polaire en récupérant des bouteilles en plastique usagées. Il faut 27 bouteilles pour faire un pull en polaire !

COMMENT C'EST FAIT ?

COMMENT C'EST FAIT ?

Les jouets

Comment on peut faire parler les poupées ?

➤ Les poupées ne parlent pas vraiment ! Elles répètent des phrases pré-enregistrées qui sont mises sur une puce électronique. Il existe aujourd'hui des poupées interactives. Leur mécanisme se déclenche dans certaines situations : par exemple quand on allonge la poupée, elle dit « bonne nuit ! ».

Est-ce que les poupées ont de vrais cheveux ?

➤ Il y a longtemps, les poupées étaient fabriquées en porcelaine ou en cire et leur chevelure était parfois faite avec des cheveux humains. Elles étaient très fragiles.
Aujourd'hui, les poupées sont faites en plastique, leurs cheveux aussi.

Comment on met la mine dans le crayon ?

➤ La mine de crayon est faite avec une pâte noire ou de couleur. On creuse des rainures dans une planchette en bois, on les enduit de colle et on y dépose les mines. Une deuxième planchette à rainures est collée sur la première. Une fois sec, ce sandwich passe à la raboteuse qui sépare les crayons et leur donne leur forme.

Qu'est-ce qu'il y a dans un nounours ?

➤ Autrefois, les nounours étaient rembourrés avec de la paille ou des copeaux de bois. Aujourd'hui, on met de la mousse de plastique à l'intérieur. Le nounours est rempli à l'aide d'une machine : à la fin de la fabrication, la mousse est soufflée à l'intérieur de la peluche par un petit trou.

C'est vrai !
Le premier ordinateur pouvait faire 5 000 additions en une seconde mais il était énorme, il occupait toute une pièce ! Grâce aux puces électroniques, qui sont les cerveaux miniatures des ordinateurs d'aujourd'hui, on fait des machines beaucoup plus petites et bien plus fortes en calcul !

COMMENT C'EST FAIT ?

COMMENT C'EST FAIT ?

En ville

Où vont les camions-poubelle quand ils sont remplis ?

➤ Les camions-poubelle déposent les ordures dans une décharge ou dans un incinérateur où elles sont brûlées. Dans de nombreuses villes, on trie les déchets : les bouteilles en verre, les boîtes en carton, les plastiques et les journaux sont récupérés pour être recyclés, c'est-à-dire transformés et réutilisés.

Comment les arbres arrivent à pousser sur les trottoirs ?

➤ Les trottoirs sont recouverts de bitume, mais en-dessous il y a de la terre. On laisse des trous dans le béton pour permettre aux arbres de pousser. Les racines des arbres se développent et trouvent dans la terre ce dont elles ont besoin.

Comment les feux rouges passent au vert ?

➤ Le passage du rouge au vert (et du vert à l'orange puis au rouge) est automatique : une petite lampe s'allume derrière un plastique de couleur. Souvent, un ordinateur règle la durée des feux de signalisation en fonction de la circulation : un détecteur placé sous la route indique s'il y a beaucoup de voitures qui passent.

Comment on allume les lampadaires le soir?

➜ C'est un ordinateur qui déclenche l'allumage des lampadaires dans toute la ville quand la nuit tombe. Il est réglé plus tôt en hiver, car les journées sont courtes, et plus tard en été, car les journées sont longues. Il les éteint le matin.

Où va l'eau des caniveaux?

➜ L'eau sale de la ville va dans les égouts qui l'emportent vers une station d'épuration. C'est une usine où on filtre et on nettoie l'eau avant de la rejeter dans les rivières. L'eau sale des maisons subit les mêmes traitements.

C'est vrai!
Quand on est malade, c'est important de pouvoir acheter ses médicaments même pendant les vacances ou le dimanche. Dans une ville, les pharmaciens s'organisent pour qu'il y ait toujours une pharmacie ouverte, c'est la pharmacie de garde.

COMMENT C'EST FAIT?

COMMENT C'EST FAIT ?

Dans la nature

Qu'est-ce que fait un agriculteur ?

➡ L'agriculteur cultive des plantes dans les champs. Ce sont souvent des céréales, comme le blé ou l'orge. Des produits chimiques aident à faire pousser les plantes et à éliminer les insectes, mais certains agriculteurs en utilisent le moins possible, pour préserver la nature : c'est l'agriculture biologique.

Comment les pêcheurs savent où sont les poissons ?

➡ Les pêcheurs connaissent bien les endroits où vivent les poissons. Mais pour repérer précisément les bancs de poissons, ils utilisent un radar. Le radar du bateau envoie des ondes qui rebondissent sur les poissons et sont renvoyées, comme un écho, ce qui signale aux pêcheurs où se trouvent les poissons.

Comment on récolte le blé ?

➡ Il y a très longtemps, on coupait le blé à la main avec une faux.

Aujourd'hui, dans les pays riches, les céréales sont récoltées à l'aide d'une grosse machine : la moissonneuse-batteuse qui coupe les tiges et sépare le grain de la paille. Le grain est stocké dans un réservoir alors que la paille est rejetée par terre. C'est beaucoup plus rapide.

C'est quoi la marée noire ?

➡ Le pétrole est transporté sur les mers dans d'énormes bateaux, les pétroliers. Il arrive que certains bateaux vieux et abîmés se cassent et le pétrole se répand dans la mer : c'est la marée noire. De grosses quantités de pétrole flottent sur l'eau et viennent se déposer sur les plages, tuant les coquillages, les poissons, les oiseaux…

Comment on fait les pistes de ski sur les montagnes ?

➡ À l'endroit où on veut faire une piste, on coupe les arbres et on dégage le sol au bulldozer. Il faut aussi installer des remontées mécaniques : téléskis, télésièges ou téléphériques. C'est un gros chantier, quand il a neigé, la dameuse vient aplanir la neige.

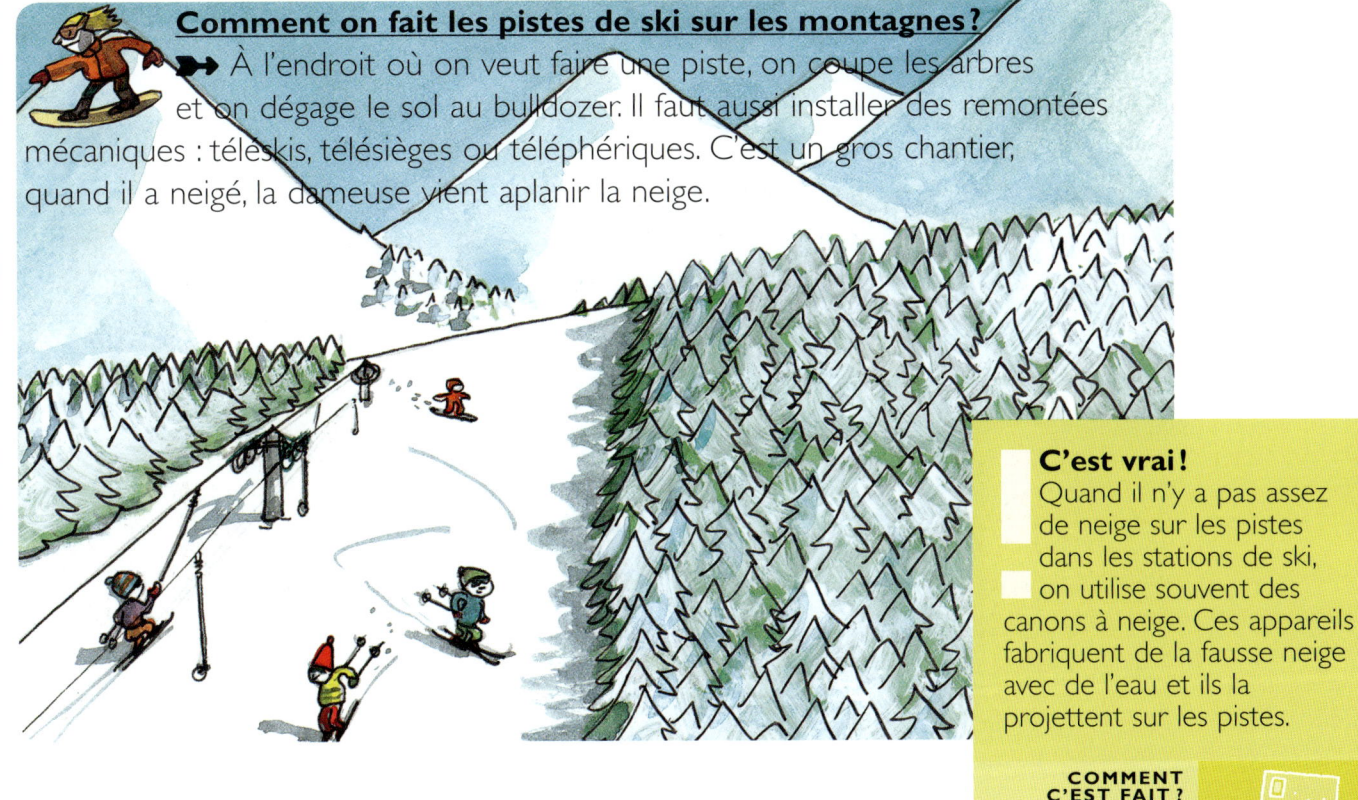

C'est vrai !
Quand il n'y a pas assez de neige sur les pistes dans les stations de ski, on utilise souvent des canons à neige. Ces appareils fabriquent de la fausse neige avec de l'eau et ils la projettent sur les pistes.

COMMENT C'EST FAIT ?

COMMENT C'EST FAIT ?

Dans la maison

Comment l'électricité arrive dans les maisons ?

➤ Des usines, les centrales électriques produisent de l'électricité à partir de l'énergie nucléaire ou à partir d'autres formes d'énergie. L'électricité est une énergie facile à transporter, dans des lignes à haute tension. Dans les villes, les câbles électriques qui desservent les immeubles sont enterrés.

Comment l'eau vient dans le robinet ?

➤ L'eau vient d'une rivière ou d'une réserve naturelle souterraine. Cette eau est douce, mais elle contient des saletés et des microbes. Avant de la boire, il faut la purifier, dans une station d'épuration. Elle est ensuite stockée dans les châteaux d'eau, puis conduite jusqu'aux maisons dans des tuyaux, les canalisations.

Comment on fabrique les vitres des fenêtres ?

➡ Pour faire du verre, on fait fondre du sable (de la silice) et d'autres composants dans un four à très haute température : 1550 °C ! À la sortie du four, le verre fondu est étiré pour former un large ruban qu'on refait cuire, puis refroidir. Le ruban est ensuite aplati et découpé en plaques de verre de différentes tailles.

D'où vient la poussière ?

➡ La poussière est partout, c'est une fine poudre tellement légère qu'elle peut flotter dans l'air. Elle est faite de tout petits débris, poils de laine, particules de terre, fibres de bois… On peut la voir dans l'air quand elle est éclairée par le soleil. Petit à petit, elle se dépose sur les meubles et le sol de la maison.

Comment ça marche le gaz dans la cuisine ?

➡ En se mélangeant à l'air, le gaz qui sort d'une cuisinière peut produire des flammes : au contact d'une allumette qui brûle, il prend feu. En brûlant, le gaz de la cuisinière produit de la chaleur et permet de faire chauffer une casserole. Il faut toujours le même mélange de gaz et d'air pour que la combustion soit stable.

C'est vrai !

La maison est un endroit plein de dangers pour les bébés et les jeunes enfants. Pour éviter les accidents, il faut respecter des règles de sécurité : ne pas laisser un petit seul dans son bain, ne pas laisser les allumettes à sa portée, protéger les prises électriques, enfermer les produits pour le ménage et les médicaments…

COMMENT C'EST FAIT ?

COMMENT C'EST FAIT ?

Les constructions

Comment fait la grue pour ne pas tomber ?

➼ La grue des chantiers de construction est très haute : elle est aussi grande que les immeubles ! Pour qu'elle puisse soulever de grosses charges sans basculer, on met des blocs de béton de l'autre côté pour faire contrepoids. On met aussi des blocs de béton au pied de la grue pour qu'elle ne bouge pas.

Comment on fait pour que le froid ne rentre pas dans une maison ?

➼ Pour qu'une maison soit agréable, il faut avoir bien chaud l'hiver et pas trop l'été. Autrefois, on faisait des maisons avec des murs très épais. Aujourd'hui, on a d'autres moyens d'empêcher le froid de rentrer. On met dans les murs des matériaux isolants comme le polystyrène ou la laine de verre.

Comment on peut creuser un tunnel sous la mer ?

➼ Pour creuser le sol de la mer, c'est comme dans les montagnes, on utilise des machines qu'on appelle des « taupes ». Leur tête tourne sur elle-même et elle sont munies de couteaux très solides qui creusent la paroi. Un tapis roulant permet d'évacuer la roche au fur et à mesure.

122

Comment on peut faire tenir un pont au-dessus de l'eau ?

➤ Les vieux ponts ont des piliers et des arches en pierre très solides. Les ponts plus récents sont en métal ou en béton, ou à la fois en métal et en béton. Leurs pièces sont assemblées petit à petit, comme un jeu de meccano. Il existe aussi de grands ponts suspendus qui tiennent grâce à des câbles accrochés sur les deux rives.

Comment les ouvriers se protègent sur les chantiers ?

➤ Sur un chantier, il peut y avoir des accidents : une pierre, une tuile, un pot de peinture risquent toujours de tomber d'un échafaudage. C'est pourquoi les ouvriers qui travaillent sur le chantier, ainsi que les visiteurs, sont obligés de mettre un casque pour se protéger. C'est une règle de sécurité.

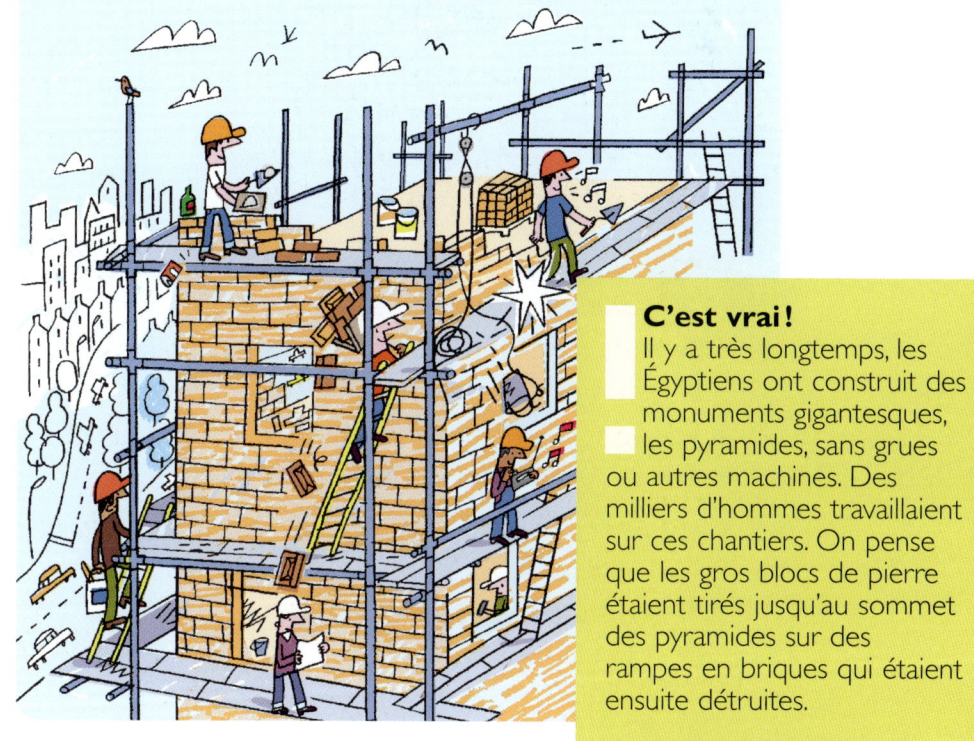

C'est vrai !
Il y a très longtemps, les Égyptiens ont construit des monuments gigantesques, les pyramides, sans grues ou autres machines. Des milliers d'hommes travaillaient sur ces chantiers. On pense que les gros blocs de pierre étaient tirés jusqu'au sommet des pyramides sur des rampes en briques qui étaient ensuite détruites.

COMMENT C'EST FAIT ?

COMMENT ÇA MARCHE ?

À l'hôpital

Comment on fait les radios ?

➡ On projette à travers le corps des rayons invisibles, les rayons X, qui font une sorte de photo de ce qui se trouve sous la peau. Les régions les plus denses, comme les os ou les dents, arrêtent les rayons et apparaissent en plus clair sur l'image.

Comment on arrive à mettre un plâtre tout dur sur une jambe cassée ?

➡ Le plâtre est d'abord tout mou, parce qu'il est mouillé : il devient dur en séchant. Mais aujourd'hui, les plâtres ne sont plus faits avec du plâtre : on utilise une résine synthétique plus légère et imperméable qui, elle aussi, durcit en séchant.

Comment on fait une prise de sang ?

➡ L'infirmière pose un garrot sur le bras : elle l'entoure avec un gros élastique, ce qui fait gonfler les veines. Elle glisse une aiguille très fine dans la veine au creux du coude et elle récupère le sang dans un petit tube. Ça ne fait pas mal, et en examinant le sang, on peut en savoir beaucoup sur ce qui se passe dans le corps !

Comment on endort quelqu'un pour l'opérer ?

➜ Quand on opère un malade, pour qu'il n'ait pas mal et qu'il ne bouge pas, on lui fait une anesthésie générale : c'est comme un profond sommeil. On fait passer des médicaments anesthésiques dans son sang, par une perfusion, ou parfois on le fait respirer dans un masque et c'est un gaz qui l'endort.

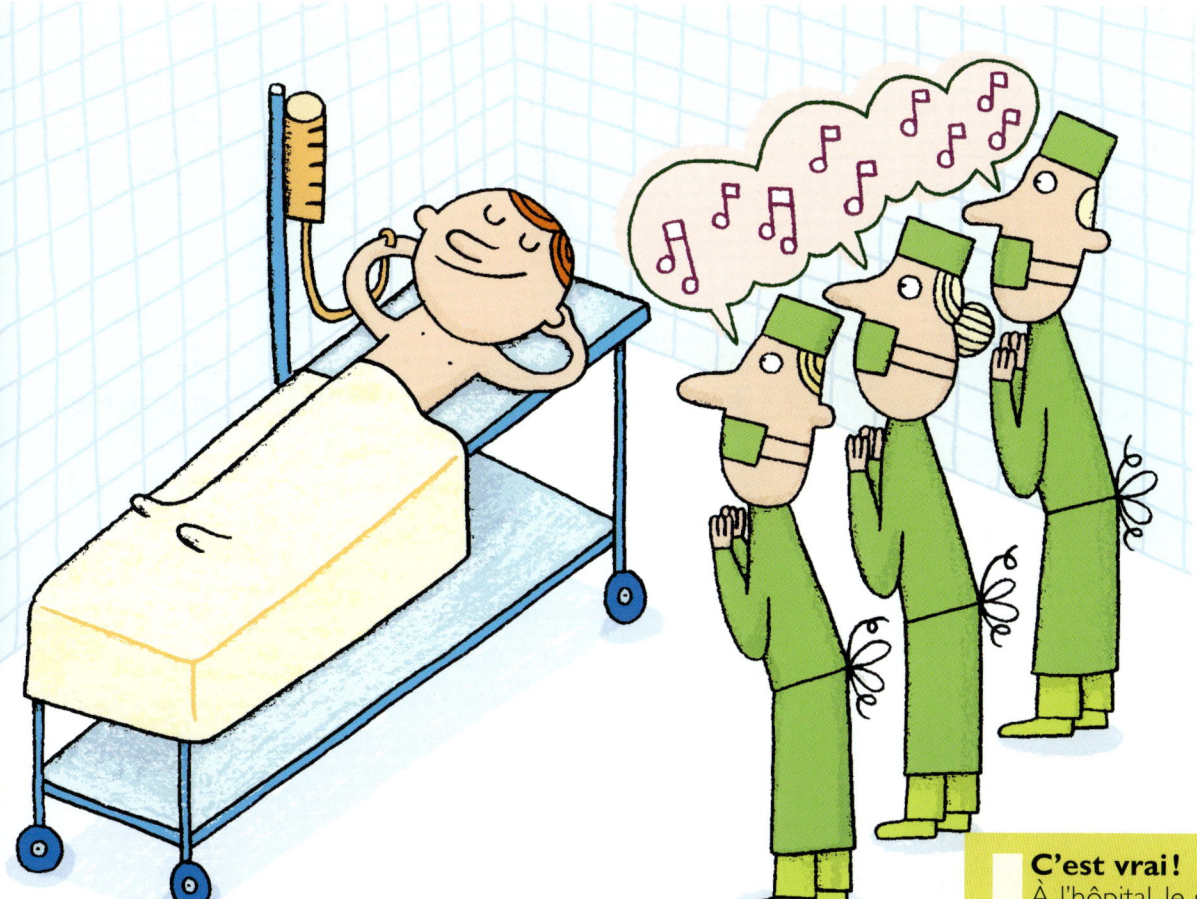

Pourquoi les médecins qui opèrent ont une tenue spéciale ?

➜ Il faut éviter de transmettre des microbes au malade pendant l'opération. C'est pourquoi le chirurgien et son équipe portent des vêtements stériles, c'est-à-dire sans microbes, qu'ils jettent après usage. Ils se lavent bien les mains et portent des gants et un masque devant le nez et la bouche.

C'est vrai !
À l'hôpital, le service des Urgences est ouvert jour et nuit pour accueillir les malades. Bras cassé, fièvre ou brûlure, le médecin voit en priorité les malades qui ont les problèmes les plus graves. C'est pour cela qu'il faut parfois attendre longtemps ! Quand cela est nécessaire, il demande au malade de rester à l'hôpital, c'est l'hospitalisation.

COMMENT ÇA MARCHE ?

COMMENT ÇA MARCHE ?

À la banque

Comment un chèque peut valoir de l'argent ?

➡ Sur le chèque, celui qui achète inscrit la somme à payer et le nom de celui auquel cet argent est destiné, et il signe. Quand elle reçoit le chèque, la banque prélève la somme à payer sur les réserves d'argent de celui qui a fait le chèque et la transmet à la banque de celui à qui le chèque est destiné.

Est-ce qu'il y a beaucoup d'argent dans une banque ?

➡ Il y a beaucoup plus de pièces et de billets dans une banque que dans une tirelire ! Mais cet argent, qu'on appelle l'argent liquide, n'est pas si important par rapport à l'argent invisible qui se trouve sur les comptes de tous les clients d'une agence bancaire.

Comment on peut payer avec une carte en plastique ?

➡ La carte bleue est une carte bancaire. Elle contient des informations, comme le nom du propriétaire de la carte, son code confidentiel et les références de son compte en banque.

Ainsi, l'ordinateur de la banque peut autoriser le paiement et retirer la somme à payer du compte du propriétaire de la carte.

Comment ça marche le distributeur de billets ?

➨ Tout est organisé par un ordinateur. Le distributeur est muni d'un lecteur spécial qui lit les informations contenues dans les cartes bancaires. Si l'ordinateur de la banque autorise le retrait d'argent, le distributeur va prendre des billets dans des boîtes. Ils sortent de la machine grâce à un système de roulettes.

Comment on peut savoir si un billet est faux ?

➨ Les billets de banque sont faits pour être difficiles à imiter. En regardant un billet en transparence, on peut y voir un dessin invisible. D'un côté, il y a une bande brillante argentée, de l'autre côté du billet, il y a une bande dorée. Ces indications permettent de reconnaître un vrai billet.

C'est vrai !
Durant la préhistoire, nos ancêtres ne payaient pas leurs produits : ils les échangeaient. Puis ils ont payé avec des colliers de coquillages. Plus tard, l'or et l'argent, des métaux précieux et inusables, ont remplacé les coquillages. Les pièces d'or, d'argent et de bronze ont pendant très longtemps été les seules monnaies.

COMMENT ÇA MARCHE ?

COMMENT ÇA MARCHE ?

À la poste

Où va une lettre qu'on met dans la boîte ?

➼ La lettre est récupérée par un postier, puis elle passe dans une machine qui lit le code postal et trie toutes les lettres. Selon leur destination, les lettres sont rassemblées par paquets et mises dans des sacs. Ensuite, elles voyagent par camion, par train ou par avion.

Comment le facteur sait où il doit apporter les lettres et les paquets ?

➼ Quand on poste une lettre, on écrit toujours sur l'enveloppe le nom et l'adresse de la personne à qui on l'envoie. Son adresse, c'est l'endroit où elle habite : le numéro de sa maison, le nom de sa rue, le code postal et le nom de sa ville. Les numéros du code postal indiquent le département et la ville (et l'arrondissement dans les grandes villes).

Comment une lettre arrive à l'autre bout du monde ?

➥ Autrefois, les lettres étaient transportées à cheval ou par bateau et elles mettaient beaucoup de temps à parvenir aux destinataires très éloignés. Aujourd'hui, elles voyagent par avion. C'est bien plus rapide pour traverser l'océan !

Pourquoi il faut mettre un timbre sur l'enveloppe ?

➥ Transporter une lettre d'un endroit à un autre, cela coûte de l'argent. Le timbre qu'on achète à la poste paye le prix du transport du courrier. On le colle sur l'enveloppe pour bien montrer qu'on a payé. Plus la lettre est lourde et plus le timbre coûte cher.

Pourquoi il y a toujours des tampons sur le courrier ?

➥ Avant de partir du bureau de poste, la lettre est oblitérée, c'est-à-dire qu'une machine donne un coup de tampon sur le timbre pour empêcher que quelqu'un puisse s'en servir une deuxième fois. Le tampon indique l'adresse du bureau de poste et la date d'envoi de la lettre.

C'est vrai !

Aujourd'hui on peut s'écrire sans envoyer une lettre dans une enveloppe. Les ordinateurs sont équipés d'une boîte aux lettres électronique qui permet d'écrire et d'envoyer un message directement à un autre ordinateur grâce aux satellites. On appelle souvent cette boîte aux lettres électronique un « e-mail ».

COMMENT ÇA MARCHE ?

COMMENT ÇA MARCHE ?

Au garage

D'où vient l'essence qui est dans les pompes ?

➥ L'essence est faite avec du pétrole, un liquide noir et épais que l'on trouve sous la terre et sous la mer dans certaines régions du monde. Le pétrole est transformé en essence dans une raffinerie, puis livré aux garagistes dans des camions-citernes.

Pourquoi on doit mettre de l'essence dans les voitures ?

➥ Pour un vélo, c'est l'énergie des muscles du cycliste qui fait tourner les roues. Dans une voiture, qu'on appelle aussi « automobile », ce qui signifie « marche toute seule », l'énergie vient de l'essence, qui explose dans le moteur et entraîne un mécanisme qui fait tourner les roues.

Pourquoi il existe plusieurs sortes d'essence ?

➥ L'essence est un carburant. Selon la manière dont fonctionne le moteur d'une auto, on doit lui donner le carburant qui lui convient : l'essence ou le diesel, ou encore le gaz liquide GPL.

Aujourd'hui, on fabrique des essences qui polluent moins l'air, ce sont les essences sans plomb.

Comment fait le garagiste pour trouver la panne ?

➜ Le garagiste est un peu comme un médecin pour voitures. Quand il y a une panne, il cherche les signes qui indiquent le problème : les bruits bizarres, les fuites, la fumée et il soulève le capot pour vérifier le moteur. Il s'aide de plus en plus souvent d'appareils électroniques qu'il branche sur la voiture.

Comment fait le garagiste pour réparer sous la voiture ?

➜ Le pont élévateur soulève les roues de la voiture au-dessus du sol et permet au mécanicien de faire des réparations en dessous. Avant, le mécanicien se glissait sous la voiture couché sur une planche à roulettes ou bien descendait dans une fosse (un grand trou) au-dessus de laquelle on plaçait la voiture.

C'est vrai !
En vieillissant, les voitures tombent plus facilement en panne, elles polluent davantage et risquent de provoquer des accidents. Régulièrement, le conducteur doit conduire sa voiture chez le garagiste pour faire un contrôle technique. Le garagiste vérifie la sécurité de la voiture : les freins, les phares, les clignotants… Il s'assure aussi que la voiture ne pollue pas trop.

COMMENT ÇA MARCHE ?

COMMENT ÇA MARCHE ?

Sur la route

Comment ça marche une voiture à essence ?

➡ L'essence est pompée dans le réservoir et envoyée dans le moteur. Un mélange d'air et d'essence est compressé puis enflammé. Le mélange explose et la force de l'explosion repousse les pistons. Ceux-ci entraînent l'axe de transmission qui fait tourner les roues avant. Et la voiture roule !

Et une voiture électrique ?

➡ Le moteur de la voiture électrique fonctionne avec l'énergie électrique. L'électricité est stockée dans des batteries que le conducteur peut recharger sur des bornes spéciales. Ces voitures sont silencieuses et elles ne polluent pas l'air !

Comment font les motos pour tenir sur deux roues ?

➡ Comme un vélo, une moto tient très bien sur ses deux roues lorsqu'elle roule. Une force s'applique sur chacune des deux roues dès qu'elles tournent et les fait tenir droites, comme une toupie qui tourne suffisamment vite : c'est la force gyroscopique.

Comment les radars des policiers peuvent savoir à quelle vitesse on roule ?

➡ Pour connaître la vitesse d'une voiture, le radar des policiers envoie à deux reprises des ondes en direction de la voiture. Un ordinateur calcule la vitesse de la voiture en fonction de la distance parcourue entre les deux contrôles. La voiture qui roule trop vite est photographiée ou filmée.

Pourquoi on ne peut pas rouler aussi vite qu'on veut ?

➡ Pour protéger les piétons et les automobilistes, on a organisé la circulation : c'est le code de la route. Plus une voiture roule vite, plus elle met du temps à s'arrêter en cas de danger. C'est pour cela qu'en ville, où il y a beaucoup de piétons et d'obstacles, la vitesse est limitée à 50 km/h. Sur l'autoroute, elle est limitée à 130 km/h.

C'est vrai !
En voiture, il y a parfois des accidents très graves. Pour les éviter, on doit respecter des règles : il est interdit de conduire quand on a bu de l'alcool, il ne faut pas tenir son téléphone et conduire en même temps, la ceinture de sécurité est obligatoire, les phares et les essuie-glaces de la voiture doivent bien fonctionner.

COMMENT ÇA MARCHE ?

COMMENT ÇA MARCHE ?

Les trains

Comment font les trains pour rouler sur les rails ?

➡ Les trains roulent sur des rails en acier, un métal très solide et inusable. Les deux rails sont maintenus toujours à la même distance par des planches en bois ou en béton : les traverses. La locomotive et les wagons sont posés directement sur les rails. Leurs roues en creux s'y emboîtent parfaitement.

Comment les wagons sont accrochés les uns aux autres ?

➡ Dans les trains ordinaires, les wagons sont maintenus les uns aux autres avec un gros crochet très solide, le crochet d'attelage. Les trains modernes comme les TGV utilisent des aimants très puissants pour faire tenir les wagons les uns aux autres.

C'est quoi un TGV ?

➡ TGV veut dire Train à Grande Vitesse. Le TGV est le train le plus rapide du monde. Son record sans passager est de 515 km/h ! Quand il transporte des voyageurs, il roule à 300 km/h environ. Pour atteindre cette vitesse, il doit rouler sur des voies spéciales, construites le plus droit possible pour éviter les virages qui le ralentiraient.

Comment font les trains pour avancer ?

➤ Il y a longtemps, les locomotives à vapeur fonctionnaient avec du charbon. Aujourd'hui, les trains roulent grâce à l'électricité. Les fils électriques placés au-dessus des voies transmettent le courant à un appareil fixé sur le toit de la locomotive, le pantographe.

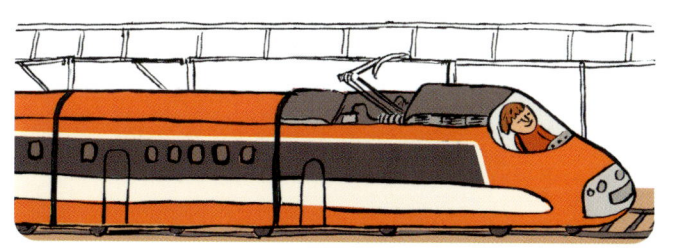

Comment font les trains pour ne pas se rentrer dedans ?

➤ Pour empêcher les accidents, une voie est réservée aux trains qui roulent dans un sens, une autre aux trains qui roulent en sens inverse. L'aiguillage permet aux trains de changer de voie. Grâce à un tableau électrique dans son bureau, le chef de service peut faire bouger les aiguilles (des morceaux de rails) et faire changer le train de voie.

C'est vrai !
Aujourd'hui, le chef de gare n'existe plus. Dans une gare, un chef de secteur s'occupe des voyageurs, un autre des marchandises. Le chef de service est la personne chargée d'expédier les trains. On le reconnaît sur le quai à sa casquette blanche. C'est lui qui donne le départ d'un coup de sifflet quand tous les voyageurs sont montés.

COMMENT ÇA MARCHE ?

COMMENT ÇA MARCHE ?

Les avions et les bateaux

Comment un gros avion très lourd peut voler ?

➡ Même s'ils sont très lourds, les avions peuvent décoller et voler grâce à la forme spéciale de leurs ailes. Pour cela, ils doivent aussi aller très vite : sous les ailes, les réacteurs éjectent vers l'arrière des gaz très chauds avec une force énorme, qui propulse l'avion vers le haut.

Comment les avions se dirigent dans le ciel ?

➡ Dans leur cabine, le cockpit, les pilotes disposent d'ordinateurs et de radars qui indiquent la direction, la vitesse et l'altitude de l'avion. Le trajet de l'avion suit des routes invisibles dans le ciel : les couloirs aériens. Les pilotes sont en contact permanent avec les contrôleurs aériens des aéroports et avec les autres avions en vol.

Comment fait un hélicoptère pour voler sans ailes ?

➡ L'hélicoptère vole avec une grosse hélice qui tourne très, très vite. C'est son mouvement qui permet à l'hélicoptère de s'élever dans les airs, de se déplacer et de faire du surplace. Une petite hélice à l'arrière lui donne son équilibre. Il peut même reculer ou tourner sur lui-même.

Comment font les bateaux pour flotter ?

➡ Ils flottent grâce à « la poussée d'Archimède », une force qui les pousse vers le haut et les maintient en surface. Mais il faut que le poids du bateau ne soit pas trop important par rapport à sa taille : les pétroliers et les paquebots sont très lourds, mais ils sont aussi très grands et contiennent beaucoup d'air, ce qui les fait flotter.

Comment ils savent se diriger sur la mer ?

➡ Autrefois, les capitaines dirigeaient leurs bateaux à l'aide d'une boussole et en observant les étoiles. Aujourd'hui, ils utilisent un système électronique, le GPS, qui leur indique leur position sur la mer. Cet appareil capte les signaux envoyés par des satellites dans l'espace.

Comment les sous-marins peuvent descendre sous l'eau si longtemps ?

➡ Leur coque est équipée de compartiments, les ballasts, qui peuvent se remplir d'eau. L'eau alourdit le sous-marin et le fait descendre. Pour le faire remonter, l'eau est expulsée des ballasts avec de l'air comprimé. Pour que l'équipage respire sous l'eau, le sous-marin transporte des réserves d'oxygène.

C'est vrai !

Un aéroport est un endroit gigantesque. Il est équipé de grandes pistes de décollage et d'atterrissage. Il y a aussi une aérogare pour accueillir et enregistrer les passagers et une tour de contrôle qui surveille la circulation des avions.

COMMENT ÇA MARCHE ?

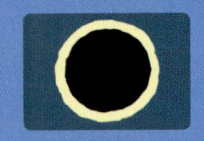

Comment se produit une éclipse de Soleil?

Comment les spationautes reviennent sur Terre?

Comment ça marche, une fusée?

C'est grand comment, le ciel?

Comment font les spationautes pour nager dans l'air de leur cabine spatiale?

Comment c'est l'univers ?

COMMENT C'EST L'UNIVERS ?

Dans le ciel

C'est grand comment, le ciel ?

➤ Ce qu'on appelle généralement le ciel, c'est ce qui se trouve au-dessus de nous : une couche d'air de plus de 500 km d'épaisseur qu'on appelle aussi l'atmosphère. Au-delà, c'est le vide, le domaine des étoiles : on parle alors plutôt d'espace.

La Terre, la Lune et le Soleil : qu'est-ce qui est le plus grand ?

➤ La Lune peut parfois paraître plus grosse que le Soleil, mais c'est la plus petite des trois.
La Terre est quatre fois plus grosse que la Lune, elle est cent neuf fois plus petite que le Soleil !
Le Soleil nous paraît petit car il est très loin de la Terre : à 150 millions de kilomètres !

Comment ça arrive une éclipse de Soleil?

➤ La Lune tourne autour de la Terre. Quand elle passe juste devant le Soleil elle réussit à le cacher presque complètement. Cela n'arrive pas souvent. Dans une éclipse de Soleil, ce gros rond noir, c'est la Lune qui n'est plus éclairée par le Soleil, et le halo de lumière brillante tout autour, c'est le contour du Soleil.

Qu'est-ce qui fait briller les étoiles la nuit?

➤ Les étoiles sont, comme le Soleil, d'énormes boules de gaz brûlants. Ce qu'on voit depuis la Terre, c'est la lumière produite par ces grands feux dans l'espace. On voit les étoiles la nuit, quand le Soleil n'illumine pas le ciel. Le Soleil aussi est une étoile, l'étoile la plus proche de la Terre.

C'est vrai!
Le ciel appartient au pays au-dessus duquel il se trouve. Ce n'est pas le cas de l'espace, qui est bien plus vaste que le ciel qu'on voit en levant la tête. En 1967, une centaine de pays se sont mis d'accord pour dire que l'espace appartenait à tout le monde!

COMMENT C'EST L'UNIVERS?

141

COMMENT C'EST L'UNIVERS ?

L'espace

À quoi ça sert de savoir ce qu'il y a dans l'espace ?

➠ Les hommes, comme les enfants, ont besoin de connaître ce qu'il y a autour d'eux : ils ont exploré la Terre, mais ils veulent aussi connaître l'espace.

D'abord, les savants ont observé le ciel à l'œil nu, puis ils ont fabriqué des télescopes. Maintenant, ils savent envoyer des engins dans l'espace, toujours plus haut, toujours plus loin, espérant découvrir les secrets des planètes qui tournent autour du Soleil, comme la nôtre, et ceux des lointaines étoiles.

Comment ça marche, une fusée ?

➠ Une fusée est propulsée par les gaz brûlants qui s'échappent de son moteur. Elle peut emporter des satellites, qui restent dans l'espace, ou des astronautes, qui reviennent sur Terre dans une capsule. La fusée, elle, ne revient pas. Elle sert juste au transport.

C'est quoi, une navette spatiale ?

➨ Inventée par les Américains, la navette spatiale est une sorte d'avion-fusée qui peut partir dans l'espace comme une fusée et revenir sur Terre, pilotée par les astronautes. Contrairement à une fusée, elle peut donc servir plusieurs fois.

La navette spatiale décolle toujours le nez vers le ciel, grâce à ses deux puissants propulseurs collés à un gros réservoir.

Quand ils reviennent sur Terre, les astronautes font atterrir la navette sur une piste, comme un planeur !

Est-ce qu'on pourra tous un jour faire un petit voyage dans l'espace ?

➨ Aller passer le week-end dans un vaisseau spatial autour de la Terre, ce n'est pas pour demain ! Aujourd'hui, seules quelques personnes très riches peuvent s'offrir le plaisir d'accompagner des spationautes dans leur mission, après avoir payé très très cher le droit de faire ce long voyage.

C'est vrai !
Dans l'espace, autour de la Terre, les vaisseaux spatiaux risquent d'entrer en collision avec de vieux satellites ou des débris d'anciennes fusées. Il faudra bientôt songer à aller faire le ménage là-haut, pour retirer tous ces morceaux de ferraille !

COMMENT C'EST L'UNIVERS ?

COMMENT C'EST L'UNIVERS ?

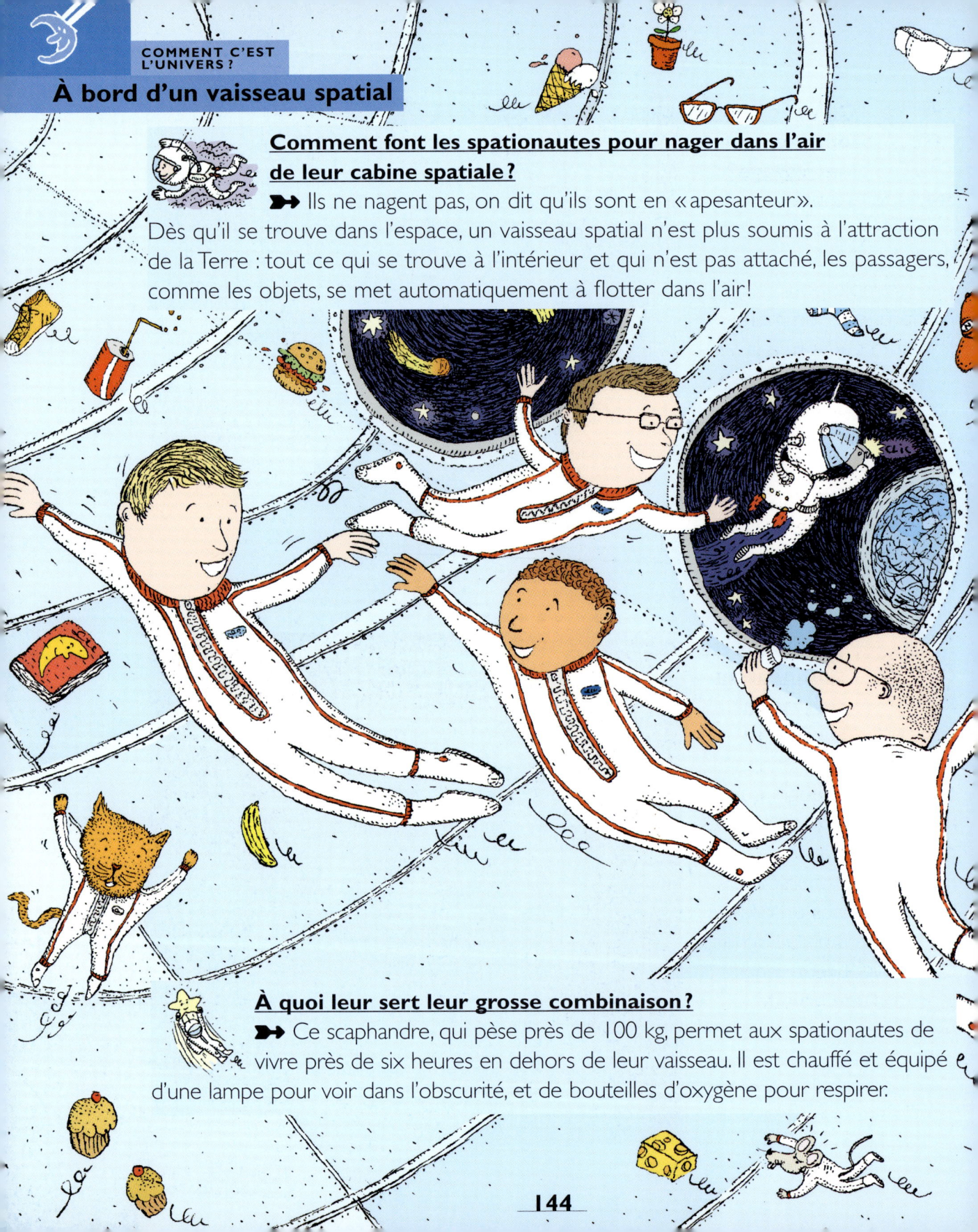

À bord d'un vaisseau spatial

Comment font les spationautes pour nager dans l'air de leur cabine spatiale ?

➤ Ils ne nagent pas, on dit qu'ils sont en « apesanteur ». Dès qu'il se trouve dans l'espace, un vaisseau spatial n'est plus soumis à l'attraction de la Terre : tout ce qui se trouve à l'intérieur et qui n'est pas attaché, les passagers, comme les objets, se met automatiquement à flotter dans l'air !

À quoi leur sert leur grosse combinaison ?

➤ Ce scaphandre, qui pèse près de 100 kg, permet aux spationautes de vivre près de six heures en dehors de leur vaisseau. Il est chauffé et équipé d'une lampe pour voir dans l'obscurité, et de bouteilles d'oxygène pour respirer.

Qu'est-ce qu'ils font pendant leur voyage ?

➢ Ils font toutes sortes de mesures et d'expériences, par exemple pour comprendre comment l'homme s'adapte à la vie dans l'espace. Ils peuvent avoir aussi des missions spéciales : réparer un satellite endommagé ou le remettre en orbite, ou assembler des éléments pour construire une station spatiale.

Comment les spationautes reviennent sur Terre ?

➢ Certains reviennent dans un petit engin qu'on appelle une « capsule », qui rentre dans l'atmosphère pour finir sa course dans la mer ou dans un désert, suspendue à un parachute. Ceux qui étaient venus à bord d'une navette spatiale repartent vers la Terre de la même façon.

C'est vrai !
Quand ils partent longtemps, les spationautes perdent des muscles. Quand ils reviennent sur Terre, ils sont si affaiblis qu'ils ont beaucoup de mal à tenir debout ou à marcher, pendant plusieurs jours.

COMMENT C'EST L'UNIVERS ?

COMMENT C'EST L'UNIVERS ?

Sur la Lune !

Combien d'astronautes sont allés sur la Lune ?

➥ En cinq voyages, entre juillet 1969 et décembre 1972, douze astronautes en tout ont marché sur la Lune, tous étaient des Américains. Le vaisseau spatial qui a emmené les deux premiers hommes sur la Lune (Neil Armstrong et Buzz Aldrin) s'appelait Apollo 11.

Combien de temps a duré leur voyage ?

➥ La Lune se trouve à environ 385 000 kilomètres de la Terre. Il a fallu près de quatre jours entre le décollage de la fusée et le moment où le vaisseau Apollo s'est mis en orbite autour de la Lune. Le voyage du retour a pris un peu moins de temps.

146

Qu'est-ce que les astronautes ont fait sur la Lune ?

➜ Ils sont allés sur la Lune pour découvrir ce qu'on ne pouvait pas connaître depuis la Terre, mais aussi pour réaliser un très vieux rêve de l'humanité !

Sur la Lune, les astronautes ont pris des photos de la Lune et de la Terre et fait des prélèvements de sol lunaire, afin qu'ils soient examinés à leur retour sur Terre. Ils sont aussi partis explorer les paysages de la face de la Lune qu'on ne voit jamais de la Terre.

Comment est le ciel de la Lune ?

➜ Sur la Lune, le ciel est toujours noir. Il n'est jamais bleu, car il n'y a pas d'air autour de la Lune : c'est l'air de notre atmosphère qui donne sa couleur bleue au ciel qui entoure notre Terre.

C'est vrai !
Il n'y a pas de bruit, pas de son sur la Lune, parce qu'il n'y a pas d'air pour conduire les vibrations qui forment les sons. D'ailleurs, dans l'espace, tout est silencieux. Sur la Terre, c'est l'atmosphère qui nous entoure qui permet aux sons et à la musique de parvenir jusqu'à nos oreilles.

COMMENT C'EST L'UNIVERS ?

**Comment
on sait que
certains
animaux ont
disparu ?**

**Comment
on peut arrêter
la pollution ?**

**Comment
on fait
pour rendre
l'eau potable ?**

**Comment
empêcher les
tremblements
de terre ?**

**Comment
ça se fait
que l'eau soit
si importante
pour nous ?**

Comment ça sera le futur ?

COMMENT ÇA SERA LE FUTUR ?

Vive la science !

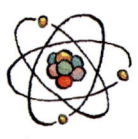

Comment on fait progresser la science ?

➡ Des hommes et des femmes travaillent dans des centres de recherche ou dans des universités. Ils observent, comparent, font toutes sortes de calculs et d'expériences ; quand ils parviennent à répondre à certaines questions ou à proposer des solutions aux problèmes, on peut dire que la science progresse !

Est-ce qu'on va découvrir de nouvelles choses ?

➡ C'est parce que nos ancêtres ont fait quantité de découvertes que le monde est tel qu'il est aujourd'hui, avec ses grandes villes, ses avions, ses ordinateurs, ses médicaments, ses films, ses livres, mais aussi avec ses problèmes que les chercheurs essaient de corriger.

Comment on vivra dans mille ans ?
C'est impossible à dire ! Mille ans, c'est très, très loin : on ne peut même pas prévoir si les hommes vivront encore sur Terre !
Il y a mille ans, on se chauffait avec du bois et on ne voyageait qu'à pied, à cheval ou en bateau : comment pouvait-on imaginer l'énergie nucléaire, la conquête de l'espace, les progrès de la médecine ou même les téléphones portables ?

On peut s'amuser à imaginer des choses, mais c'est de la pure science-fiction…
➤ Dans mille ans, on habitera peut-être dans des villes au fond des océans ? ➤ Le week-end, on ira faire une petite balade en famille dans l'espace ? ➤ Peut-être qu'on vivra entouré de robots qui feront tout à notre place dans la maison ? ➤ Si les villes ont remplacé les champs, alors on ne mangera que des pilules ? ➤ Pour éviter les embouteillages, tout le monde circulera en engin volant ?

C'est vrai !
On n'arrête pas le progrès ! Les chercheurs découvriront les moyens pour guérir les hommes du sida, des cancers et des autres grandes maladies… Même si cela coûte cher, même si cela prend du temps !

COMMENT ÇA SERA LE FUTUR ?

COMMENT ÇA SERA LE FUTUR ?
Protéger la Terre

Le recyclage comment ça marche ?

➥ Recycler, c'est récupérer des objets déjà utilisés, comme les vieux journaux, les bouteilles vides, les voitures cassées, et s'en servir pour fabriquer des objets neufs. C'est comme faire un bon plat avec les restes d'un repas, au lieu de les jeter : ça évite de gaspiller !

Comment on sait que l'air est pollué, puisque ça ne se voit pas ?

➥ Ça ne se voit pas, mais souvent ça se sent ! Pourtant, la méthode la plus efficace c'est d'analyser l'air grâce à des appareils reliés à des ordinateurs, pour savoir s'il est un peu ou très pollué, c'est-à-dire s'il contient des substances mauvaises pour la Terre et pour notre santé.

Comment on peut arrêter la pollution ?

➽ C'est impossible de l'arrêter, mais il faut absolument la réduire. D'abord, ce sont surtout les industries, les transports et l'agriculture qui polluent. Il faut transformer les usines, éviter les marées noires, utiliser moins d'engrais… C'est un très gros travail ! Ensuite, chacun doit faire attention : utiliser moins les voitures et ne pas jeter les piles et les plastiques n'importe où.

Comment empêcher les tremblements de terre ?

➽ Hélas, on ne peut pas ! On n'arrive même pas à savoir quand ils vont se produire ! Mais on sait dans quels pays, dans quelles régions il y a le plus de risques. Alors, on peut limiter les dégâts en construisant des bâtiments plus résistants et en prévenant les populations des dangers.

> **C'est vrai !**
> Dans un pays comme la France, on compte en moyenne 1 kg d'ordures par jour et par habitant. Ça fait à peu près 60 000 tonnes de déchets qui sont produits chaque jour dans tout le pays ! On comprend pourquoi le problème du recyclage est important !

COMMENT ÇA SERA LE FUTUR ?

COMMENT ÇA SERA LE FUTUR ?

Protéger les animaux

Comment on sait que des animaux ont disparu ?

➥ Dans le sol, on découvre des fossiles, c'est-à-dire des coquilles ou des ossements d'animaux qui n'existent plus depuis très longtemps, comme les dinosaures.

➥ En observant les dessins des animaux sur les parois des grottes préhistoriques, on s'aperçoit que certains ne sont plus là aujourd'hui, comme les mammouths, ou qu'ils ne sont plus pareils, ou plus aux mêmes endroits.

➥ En lisant les récits d'anciens explorateurs, on se rend compte que des animaux très courants ont disparus, comme le dodo, qui ressemblait à un gros poulet à grosse tête… et était très facile à chasser.

154

Comment on fait pour protéger une espèce animale?

➼ Il faut d'abord savoir si ces animaux ont vraiment besoin d'être protégés! Ensuite, le meilleur moyen c'est de décider qu'à l'endroit où ils habitent, il est interdit de chasser, de cultiver ou même d'habiter : on crée un «parc naturel» où ces animaux, et d'autres, peuvent vivre en sécurité.

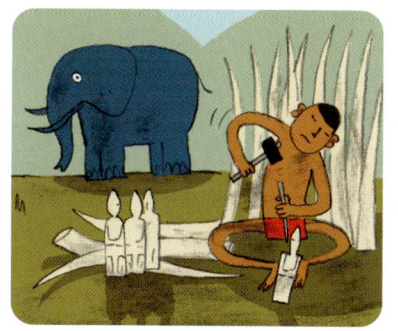

➼ Les éléphants d'Afrique ont longtemps été tués pour récupérer leurs défenses en ivoire, une matière blanche qui a de la valeur.

➼ Le grand panda ne mange que des bambous! Si on détruit les forêts de bambous pour cultiver la terre, les pandas meurent.

➼ La fourrure des tigres du Bengale était vendue à prix d'or. Les tigres ont été tellement chassés, qu'il n'en reste presque plus.

➼ La baleine a été chassée surtout pour sa graisse, qu'on utilisait pour faire des savons et d'autres choses. On pense qu'il y a cent ans, il y avait plus de 200 000 baleines bleues dans les océans… maintenant, il y en reste 2000!

➼ Aujourd'hui, la chasse au rhinocéros est interdite, mais on le tue encore pour sa corne : certaines personnes croient que réduite en poudre, elle peut rendre plus fort…

C'est vrai!
Les matières plastiques et les fourrures synthétiques permettent de sauver la peau de bien des animaux. Plus besoin de tuer des tortues pour fabriquer des peignes et des barrettes, ni des renards ou des marmottes pour faire des manteaux de fourrure!

COMMENT ÇA SERA LE FUTUR?

COMMENT ÇA SERA LE FUTUR ?

De l'eau pour tous

C'est vrai qu'on peut tomber malade en buvant de la mauvaise eau ?

➥ L'eau du robinet et celle des bouteilles d'eau minérale ou d'eau de source peuvent être bues sans problème. Mais boire l'eau des ruisseaux ou des étangs, même si elle a l'air propre, c'est très risqué : on peut avoir mal au ventre, avec une grosse diarrhée !

Pourquoi, quand il fait très chaud, on doit moins arroser son jardin ?

➥ C'est pour économiser l'eau. Quand il n'a pas assez plu pendant trop longtemps, nos réserves d'eau diminuent. En période de sécheresse, on préfère donner moins d'eau aux fleurs, pour ne pas prendre le risque que les hommes, les animaux et les cultures en manquent !

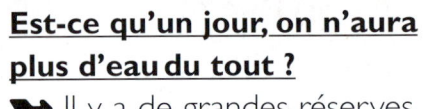

Est-ce qu'un jour, on n'aura plus d'eau du tout ?

➥ Il y a de grandes réserves d'eau douce sous terre, dans les fleuves, les lacs et les glaciers, mais aussi dans les nuages. L'eau douce ne manque pas, mais elle est très mal répartie. Et comme nous sommes de plus en plus nombreux sur la Terre, il ne faut plus la gaspiller ni la polluer pour que l'on puisse tous en profiter encore longtemps.

Comment ça se fait que l'eau soit si importante pour nous ?

➼ L'eau, c'est la vie ! Dans beaucoup de pays, elle est abondante et on en profite bien, on s'en sert même pour remplir les piscines… Mais ailleurs, comme dans certains pays très chauds, l'eau manque cruellement, car il n'y pleut que quelques jours par an. Ce n'est pas du tout suffisant pour remplir les puits, arroser les plantes cultivées, abreuver les troupeaux… Et les gens peuvent mourir de famine.

Comment on fait pour rendre l'eau potable ?

➼ Pour devenir potable, c'est-à-dire bonne à boire, l'eau puisée dans le sol ou dans les rivières doit être traitée : on la fait passer à travers des grilles pour éliminer les plus gros déchets, puis on la filtre plusieurs fois pour bien la nettoyer, on ajoute des produits pour tuer les microbes et on fait toutes sortes d'analyses, y compris pour vérifier qu'elle n'a pas un trop mauvais goût !

C'est vrai !
Pour fournir de l'eau douce aux pays qui en manquent, des scientifiques ont pensé à dessaler l'eau de la mer, mais cela coûte très cher, ou à remorquer jusqu'à ces pays des icebergs, pour y faire fondre leur glace polaire, mais c'est une idée folle !

COMMENT ÇA SERA LE FUTUR ?

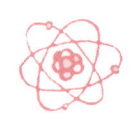

INDEX

A
abeille, 91
agriculteur, 118
albatros, 88
alligator, 99
amphibien, 82
animaux, 82, 83, 84, 85, 86, 87, 88, 89
antibiotique, 34
araignée, 96
arbre, 104, 105, 116
arc-en-ciel, 72
armure, 21
avion, 136

B
baleine, 153
baleine bleue, 83
banque, 126
barrage, 71
bateau, 137
bébé, 28, 29, 30
beurre, 110
billet, 127
blé, 118

bottes en caoutchouc, 113

C
camion-poubelle, 116
caniveau, 117
carie, 35
carte bancaire, 126
castor, 90
cauchemar, 37
CD, 56

chameau, 99
Champollion, 18
chantier, 123
Charlemagne, 46
chat, 88
château fort, 22
chaussettes, 113

chaussures, 113
chauve-souris, 83
chenille, 97
chèque, **126**
cheval, 88
chevalier, 20, 21
chocolat, 109
chouette, 88
ciel, 140
cirque, 55
clown, 55
continent, 64, 65
coquillage, 95
cosmonaute, 147
crampe, 43
crayon, 115
Cro-Magnon, 10, 11
crocodile, 86, 99
crustacé, 82
culture, 79

D
danse, 54
dauphin, 94
dents de lait, 31

désert, 77
dessin animé, 50, 51
dinosaure, 8, 9

distributeur de billets, 127
dodo, 152
dompteur, 55
dromadaire, 99

E
e-mail, 129
eau, 39, 120, 154, 155
éclipse, 141
école, 46, 47, 76
écriture, 75
écureuil, 100
effets spéciaux, 51
Égyptiens, 16, 18, 19

158

électricité, 120
éléphant, 88
éléphant d'Afrique, 98, 153
éolienne, 71

escargot, 91
esclave, 79
espace, 142, 143
essence, 130
étoile, 141

F
farine, 108
feu, 12, 13
feux rouges, 116
film, 50
frontière, 74
fumer, 36
fusée, 142

G
garage, 130, 131
gaucher, 33
gaz, 70, 121
girafe, 88, 98

glace, 111
gorille, 87
goût, 32
graine, 102
grue, 122
Gutenberg, 53

H
hélicoptère, 136
hérisson, 91
hibou, 88
hiéroglyphe, 18, 19
homme préhistorique, 10, 11, 12, 13, 14

Homo erectus, 12
hôpital, 124, 125
huile, 109

I
incendie, 104
insecte, 82

J
jambon, 110
jouer, 44, 45
jouets, 114

K
kangourou, 87
koala, 87

L
lait, 109
lama, 98
langue, 75
livre, 52
Louis XIV, 25
Lune, 140, 146
lunettes, 36

M
maison, 76
mammifère, 82, 83
mammouth, 10
marée noire, 119
marmotte des Alpes, 89
médecin, 125
médicament, 34
mer, 66
météo, 72
mollusque, 82, 101
momie, 16, 17

montagne, 68
moto, 132
mouche, 100
muscle, 42
musique, 56, 57

N
navette spatiale, 143
Neandertal, 10
neige, 68, 119

nid, 93
Noël, 78
nombril, 32
nounours, 115
nourriture, 38, 40
nuage, 72

O
océan, 66, 67
œuvre d'art, 58
oiseau, 82, 88, 92, 93
oiseau migrateur, 92
opération, 125

159

orage, 73
ordinateur, 115
ornithorynque, 83
os, 30
ours polaire, 99

P
panda, 153
papier, 52, 53
papillon, 97
papyrus, 19
pâtes, 108
pays, 74
pêcheur, 118
peinture, 58
pétrole, 70
phoque, 88

plante, 102, 103
plâtre, 35, 124
poisson, 82, 83, 88, 94
poisson pané, 111
poisson volant, 95
pôle, 77
pollution, 151

pont, 123
poste, 128
poupée, 114
poussière, 121
poux, 37
prince, 25
princesse, 25
prise de sang, 124

protection des animaux, 153
pull, 112
pyramide, 123

R
radar, 133
radio, 124
religion, 78
reptile, 82
requin, 95
rhinocéros, 153
roi, 24, 25

S
salive, 41
sang, 32

santé, 34
sauterelle, 100
science, 150
sculpture, 59
serpent, 83, 101
Soleil, 140
sommeil, 36
soupe, 39
spationaute, 144, 145
sport, 42, 43
sucre, 108

T
taupe, 101
tee-shirt, 112
télévision, 77
Terre, 62, 63, 140, 150
têtard, 86
TGV, 134
tigre du Bengale, 153
timbre, 129
train, 134, 135
tremblement de terre, 151
tunnel, 122

V
vaccin, 34
vache, 88, 91
vaisseau spatial, 144
vent, 73

ver de terre, 85
verrue, 35
vitre, 121
voiture à essence, 132
voiture électrique, 132
volcan, 69

W
wagon, 134

Y
yaourt, 110